AF366194

DE LA JUSTICE
ET DU DROIT

DE LA JUSTICE ET DU DROIT

EXPLICATION DE LA DÉFINITION TRADITIONNELLE DE LA JUSTICE

suivie d'une étude sur

LA DISTINCTION DU *IUS NATURALE* ET DU *IUS GENTIUM*

PAR

Félix SENN

PROFESSEUR A LA FACULTÉ DE DROIT DE L'UNIVERSITÉ DE NANCY

SOCIÉTÉ ANONYME
DU
RECUEIL SIREY
22, Rue Soufflot, PARIS, 5e
LÉON TENIN, Directeur de la Librairie

1927

Iustitia est constans et perpetua voluntas ius suum cuique tribuendi.

(Ulpien, *lib. 1 Reg.*, *D.*, 1, 1, *De iustitia et iure*, 10, *pr.*).

DE LA JUSTICE ET DU DROIT

IUSTITIA EST CONSTANS ET PERPETUA VOLUNTAS
IUS SUUM CUIQUE TRIBUENDI

(Ulpien, *lib. 1 Regul.*, *D.*, 1, 1, *De iustitia et iure*, 10, *pr.*).

———

De la définition de la justice, reproduite par Ulpien, *D.*, 1, 1, *De iustitia et iure*, 10, *pr.* et de celle donnée antérieurement par Cicéron, *De inventione*, 2, 53, 160. — Des sources grecques de ces définitions. — Rome a reçu de l'école pythagoricienne et stoïcienne la définition depuis lors traditionnelle de la justice. — De ce que Rome n'a pas adopté la leçon d'Epicure. — La justice est comprise : 1° comme étant une vertu qui, par l'un de ses aspects, est volonté; 2° comme ayant pour objet d'attribuer à chacun son droit.

Le sujet de cette étude (1) est l'explication du texte d'Ulpien, au livre I de ses Règles, rapporté au Digeste, *lib.* 1, *tit.* 1, *de iustitia et iure*, fr. 10, *pr.*

> *Iustitia est constans et perpetua voluntas ius suum cuique tribuendi.*

———

(1) La présente étude a fait l'objet d'un exposé aux « Journées d'Histoire du droit », tenues à Bruxelles du 7 au 9 juin 1926.

SENN. 1

Ce texte est reproduit aux Institutes de Justinien, *lib. 1, tit. 1, de iustitia et iure, principium*, dans des termes à peu près identiques : *iustitia est constans et perpetua voluntas ius suum cuique tribuens* (1).

> La justice est la volonté constante et continue (2)
> de rendre à chacun son droit,

ou, comme disaient nos anciens auteurs au *Conseil de Pierre de Fontaines* ou au *Grand Coutumier de France* dans leur traduction du passage des Institutes : *Justice est volunté ferme et pardurable qui rend à chascun sa droicture* (3).

---

(1) Il n'est aucune raison sérieuse de vouloir modifier, comme le proposent certains auteurs (notamment Pellat, *Manuale juris synopticum*, 8ᵉ éd., 1887, sur *Justin. Inst.*, 1, 1, *pr.*), la leçon des Institutes de Justinien en remplaçant *ius suum cuique tribuens* par *ius suum cuique tribuendi*. Le participe présent *tribuens* est employé par Cicéron dans sa définition de la justice : v. ci-après, p. 3. Sans doute, le gérondif s'allie heureusement avec le terme *voluntas;* mais, comme la justice est à la fois *habitus animi, ratio, voluntas* (cf. ci-après, p. 12), qu'elle est vertu active, la formule *ius suum cuique tribuens* ne peut pas être considérée comme fautive, si même elle n'est pas préférée. En ce sens, Hotoman, *Commentarius de verbis iuris*, Lugduni, 1569, *nº Iustitia*, p. 203, qui propose de lire au *D.*, 1, 1, *de iustitia et iure*, 10, *pr.*, *tribuens* au lieu de <*tribuendi*> : *ubi non tribuendi, sed tribuens legendum esse, vel hinc licet intelligatur, quod in iustitia non est voluntas adimendi, sed adimens.*

(2) Le terme *continue* ne saurait rendre que faiblement le sens de l'adjectif *perpetua*. *Perpetuus* signifie le plus souvent ce qui dure aussi longtemps que dure l'être ou l'objet, dont il est l'épithète. Ainsi la vertu de justice chez l'homme doit durer toute sa vie, περὶ ὅλον τὸν βίον (v. p. 9, n. 4).

(3) On lit à l'Appendice, emprunté au *Livre la Royne* et inséré par Marnier à la suite de son édition du *Conseil à un ami* de Pierre de Fontaines (*Le Conseil de Pierre de Fontaines*, Paris, 1846, p. 472) : I. *Tu me demandes que est justice et que est drois? La lois escrite dit : Justice est volonté ferme et perdurable qui*

Cette définition de la justice, que nos recueils juridiques se transmettent, n'est cependant pas la seule définition de la justice, que la sagesse antique nous ait laissée. Il en est une autre qu'indique Cicéron, dans le *De inventione* (1), et que le Moyen âge chrétien reproduit également. La justice n'y est plus définie comme une volonté, mais comme une habitude, une disposition de l'âme qui rend à chacun ce qui lui convient, toutefois sans porter atteinte à l'utilité commune.

Iustitia est habitus animi, communi utilitate conservata, suam cuique tribuens dignitatem.

Ces deux définitions sont-elles contradictoires, ou plutôt ne se complètent-elles pas, nous faisant par là même mieux comprendre la notion de justice? Sont-elles l'œuvre de Cicéron ou du jurisconsulte Ulpien, ou bien ceux-ci ne font-ils que les reproduire, les empruntant à des sources plus anciennes? Enfin, si la justice est à la fois *habitus animi* et volonté, qui attribue à chacun son droit, *cuique ius suum,* quel est donc ce chacun et quel est ce droit qui doit être attribué à ce chacun?

____

rend à chascun sa droiture. — *Les Établissements de Saint-Louis* (éd. Viollet, Paris, 1881, 2, p. 330), portent au livre II, 1 : *Joutise est une volentez estable qui done à chascun son droit. Et li comandement de droit si sunt tel : honestement vivre: nule persone ne doit despire ; si doit doner à chascun son droit, selonc droit escrit en Institute, De justitia et jure, ou commencement où il est especiaument traitié de ceste matière.* — Le *Grand Coutumier de France,* MS. 10816 du fonds français de la Bibliothèque nationale, fº 167 rº (même version, avec différences d'orthographe, dans MS. Vatican 4790, fº 1 rº, et dans l'édition Laboulaye et Dareste, Paris, 1868, liv. II, ch. I, p. 189) donne la version suivante : *Justice est voulente ferme et pardurable qui rent a chascun sa droiture.*

(1) Cicéron, *De inventione,* 2, 53, 160.

Les réponses à ces diverses questions sont données, d'une manière très précise, par les sources mêmes auxquelles ont été empruntés les éléments des définitions reproduites et par Cicéron et, sans doute à la suite de nombreux autres jurisconsultes, par Ulpien.

Ces sources ne sont pas, d'ailleurs, romaines. Elles sont d'origine grecque; qui sait, peut-être d'origine encore plus lointaine. En tout cas, c'est de l'école pythagoricienne et stoïcienne que Rome a reçu la définition depuis lors traditionnelle de la justice.

Rome s'en est tenue à cet enseignement. Ce n'est pas qu'elle n'eût pu emprunter à l'antiquité grecque d'autres conceptions de la notion de justice. Mais elle les a repoussées comme n'étant pas de vraie philosophie (1). C'est ainsi qu'elle n'a pas adopté la leçon d'Epicure, selon laquelle la justice, sans existence propre et indépendante, ne résulte que de conventions mutuelles et ne s'établit que là où existe un engagement réciproque qu'on ne nuira pas et qu'il ne sera pas

---

(1) Il y a lieu de rappeler que les diverses opinions qui pouvaient s'exprimer sur la vertu de justice, sa nature et sa portée, avaient sans doute fait, au dire des écrivains latins, l'objet des deux discours prononcés à Rome par le chef de la nouvelle académie, Carnéade, lors de son ambassade, en 156 av. J.-C., au temps de Caton le Censeur. Si nous ne connaissons pas le premier discours pour la justice, nous pouvons, grâce à des passages épars de Cicéron (*De re publica*, 3, 5-7, éd. Ziegler; 3, 12, 21 et 22), complétés par Quintilien (*Instilul. orator.*, 12, 1, 35 s.) et par Lactance (*Divin. instit.*, 5, 14, 3-5; 5, 16, 2-4; 6, 6, 19. 23; 6, 9, 2-4, dans l'éd. du *De re publica* de Cicéron par Ziegler, p. 84-85, 89-90, 93-95), plus ou moins recomposer le second discours contre la justice; Carnéade y opposait, selon sa coutume, à la première thèse une antithèse. V. notamment, sur ces questions demeurées imprécises, Martha, *Le philosophe Carnéade à Rome*, dans *Etudes morales sur l'antiquité*, 2ᵉ éd., 1889, p. 92 s.

nui (1). Rome n'adopte pas cette leçon d'où il se déduit que l'injustice, en soi, n'est pas un mal.

Les jurisconsultes romains eussent sans doute pu prendre en considération les développements, sur la justice, des écoles platonicienne et péripatéticienne. Dans leur ensemble, avec des nuances, les leçons de ces écoles ne s'opposent pas à la définition pythagoricienne; elles y ajoutent surtout par des élévations nouvelles ou par de nouvelles analyses (2). Mais, en fait, en ce qui concerne la notion de justice, les jurisconsultes romains ne puisent pas principalement dans ces sources.

Dans l'étude de ces nombreux traités, Περὶ δικαιοσύνης, *De la justice,* que leur procure le monde grec (3); dans

---

(1) Diogène Laerce, X, Ἐπίκουρος, 150, 35, éd. Cobet-Didot, p. 287 : Οὐκ ἦν τι καθ' ἑαυτό δικαιοσύνη, ἀλλ' ἐν ταῖς μετ' ἀλλήλων συστροφαῖς, καθ' ὁπηλίκους δήποτ' ἀεὶ τόπους συνθήκη τις ὑπὲρ τοῦ μὴ βλάπτειν μηδὲ βλάπτεσθαι. 151, 36. Ἡ ἀδικία οὐ καθ' ἑαυτὴν κακόν, ἀλλ' ἐν τῷ κατὰ τὴν ὑποψίαν φόβῳ εἰ μὴ λήσει τοὺς ὑπὲρ τῶν τοιούτων ἐφεστηκότας κολαστάς (trad. lat. de l'édit. : *Iustitia nihil per se est, verum in contractibus mutuis quibuslibet locis foedus aliquod initur ut non laedamus neque laedamur. Iniustitia per se malum non est, verum in suspicionis metu id malum situm est, ne forte non lateat eos qui sunt huiusmodi rebus constituti vindices*). V. p. 21, n. 2. — Cf. encore la définition de la justice, donnée par Antiphon le Sophiste, d'après un papyrus récemment découvert, *Oxyrhynchus Papyri,* 11, n° 1364, p. 96 et s., et traduite par Vinogradoff, *Outlines of historical Jurisprudence,* 2, *The Jurisprudence of the Greek City,* Oxford, 1922, p. 29 et 42.

(2) V. notamment Platon, *Lois,* 6, 757 ; Aristote, *Ethic. Nicomach., lib.* 5 (éd. Didot, 2, p. 52 s.), *Magn. Moral.,* 1, 34 (*ibid.,* 2, p. 150 s.). Au surplus, les notions et définitions de la justice et de l'*aequitas* étaient à Rome devenues courantes, sans cesse produites *in iudiciis, in senatu,* que les orateurs et les jurisconsultes fussent péripatéticiens ou stoïciens, comme l'indique Cicéron, *De finibus bon. et mal.,* 2, 23, 76 (ci-après, p. 38, n. 4).

(3) Nous trouvons mention de ces divers traités dans Diogène

ces leçons orales ou dans ces écrits des philosophes grecs, la plupart stoïciens, venus à Rome aux deux derniers siècles de la République (1) ; dans l'étude de ces résumés didactiques que ces philosophes composent pour leurs auditeurs, élèves ou disciples romains (2) ; les jurisconsultes, orateurs et philosophes romains s'attachent de préférence à l'enseignement de Pythagore et de Zénon. Ils lui ont demandé les éléments de la définition de la justice, comme ils lui ont demandé la compréhension de nombreuses autres notions morales.

Dans l'œuvre de Cicéron, cet enseignement de la notion de justice est déjà pleinement affirmé. Il trouvera un écho particulièrement ferme dans les ouvrages des jurisconsultes, comme en témoignent les fragments insérés au Digeste, au titre *De iustitia et iure*. Il sera

Laerce, éd. Cobet-Didot, qui indique notamment ceux de : lib. II, 13, 122, Simon d'Athènes, Περὶ δικαίου α' β'; IV, I, 4, Speusippe, Περὶ δικαιοσύνης α'; IV, 2, 12 et 13, Xenocrates, *eod. tit.*, α'; V, 1, 22, Aristote, *eod. tit.*, α' β' γ' δ'; V, 3, 59, Straton, *eod. tit.*, α' β' γ'; V, 6, 86, Héraclide, *eod. tit.*, α' β' γ'; VI, 1, 16, *eod. tit.*, α'; VI, 1, 16, Antisthène, Περὶ νόμου ἢ περὶ καλοῦ καὶ δικαίου; VII, 1, 129, Chrysippe, Περὶ δικαιοσύνης; X, 28, Epicure, Περὶ δικαιοσύνης καὶ τῶν ἄλλων ἀρετῶν. — A ces traités, on doit ajouter les diverses dissertations grecques ou sur les vertus ou sur les lois ou seulement morales, dont nous citerons d'ailleurs quelques-unes au cours de cet exposé.

(1) Sur l'influence profonde exercée à Rome, aux deux derniers siècles de la République, par la doctrine stoïcienne : V. Senn, *Les origines de la notion de jurisprudence*, p. 10, n. 2. Cf. aussi, sur le renouveau de la pensée pythagoricienne à Rome et sa profonde influence, Gianola, *La fortuna di Pitagora presso i Romani dalle origini fino al tempo di Augusto*, Catane, 1921 ; Carcopino, *Etudes romaines*, 1, *La basilique pythagoricienne de la Porte-Majeure*, Paris, 1927, p. 182-195.

(2) Par exemple, sur l'*Epitome* d'Areios Didymos, cf. p. 11, n. 1.

adopté par la suite par le monde byzantin chrétien : la définition de la justice par le jurisconsulte Ulpien est demeurée, sans altération et sans addition, dans la compilation justinienne.

C'est donc là la grande leçon traditionnelle de la justice.

Iustitia est constans et perpetua voluntas ius suum cuique tribuendi. De cette simple définition, éclairée par l'enseignement des Grecs, il résulte que la justice est comprise : 1° comme étant une vertu qui, par l'un de ses aspects, est volonté; 2° comme ayant pour objet d'attribuer à chacun son droit.

Pénétrons donc plus avant, et aussi profondément que possible, dans l'examen de ces divers éléments de la notion déjà définie.

I

La justice est une vertu qui, par l'un de ses aspects, est volonté. — Vertu : c'est ce qu'en témoigne la définition d'Ulpien, disant de la justice qu'elle est *constans et perpetua* : car ce sont là des attributs de la vertu. — Vertu, elle est, comme l'indique Cicéron, *habitus animi,* ἕξις ψυχῆς. — Vertu active, elle est, selon les données pythagoriciennes et stoïciennes, à la fois science et art, ἐπιστήμη καὶ τέχνη, science de l'*aequum et bonum* et art, sa mise en œuvre. Comme toute vertu, elle est donc en même temps λόγος, *ratio;* δύναμις, *facultas;* προαίρεσις, βούλησις, *voluntas.* — De ce que la justice-volonté est l'aspect de la vertu de justice, qui attire le plus l'attention des jurisconsultes.

En premier lieu, la justice est une vertu, qui, par l'un de ses aspects, est volonté.

I. La justice est une vertu (1). Le texte d'Ulpien l'indique d'une manière précise, en la déclarant *constans et perpetua.*

______

(1) Cicéron, *De officiis,* 1, 7, 20 : ...*iustitia, in qua virtutis splendor est maximus, ex qua boni viri nominantur.* — C'est dans un sens particulier qu'Aristote déclarait que la justice est parfois conçue non comme une partie de la vertu, mais comme toute la vertu : *Ethic. Nicom.,* 5, 1, 19, Αὕτη μὲν οὖν ἡ δικαιοσύνη οὐ μέρος ἀρετῆς ἀλλ' ὅλη ἀρετή ἐστιν, après avoir commenté l'adage que la justice contient toutes les vertus : 5, 1, 15, ἐν δὲ δικαιοσύνη συλλήβδην πᾶσ' ἀρετὴ ἔνι. — V. Andronicus de Rhodes, Περὶ παθῶν (*Fragmenta philosophorum graecorum,* éd. Müllach, Paris, F. Didot, 3, p. 576) : Δικαιοσύνη ἐστίν ἀρετὴ ψυχῆς τοῦ κατ' ἀξίαν διανεμητική. — On relève encore dans les fragments d'Archytas de Tarente (*Fragm. phil. graec.,* 2, p. 127, n° 29) : εἴδη δὲ ἁ δικαιοσύνα μὲν καὶ σωφροσύνα τᾶς ἀρετᾶς.

Car ce sont là des attributs de toute vertu. C'est ce qu'énonce explicitement Cicéron et dans les *Paradoxa* et dans le *De legibus* : *sic constans et perpetua ratio vitae, quae virtus est* (1). C'est ce que redit encore Sénèque, indiquant dans l'une de ses Épîtres qu'on reconnaît la vertu notamment à la *constantia* (2).

Cet enseignement, Cicéron l'a reçu des Grecs de l'école stoïcienne. Les stoïciens, rapporte Diogène Laerce, disent que la vertu est d'un emploi continu; l'homme vertueux en use en toutes circonstances (3). Et il cite, à l'appui de cette doctrine, entr'autres stoïciens Cléanthe, le disciple et le successeur de Zénon à la tête du Portique. Pour que la vertu existe, il ne suffit pas qu'un homme veuille par à-coups, pour un instant et dans une affaire être vertueux. Pour posséder la vertu, il faut avoir la ferme intention de la respecter constamment, περὶ ὅλον τὸν βίον (4). La vertu est, selon

____

(1) Cicéron, *De legibus*, 1, 17, 45 : ... *sic constans et perpetua ratio vitae, quae virtus est, itemque inconstantia, quod est vitium,...* — *Parodoxa*, 3, 1, 22 : *Una virtus est consentiens cum ratione et perpetua constantia...*, et Cicéron ajoute, selon l'enseignement stoïcien, qu'on ne peut rien y ajouter qui l'accroisse, rien en retrancher sans la détruire, *nihil huc addi potest, quo magis virtus sit, nihil demi, ut virtutis nomen relinquatur...*

(2) Sénèque, *Epist.*, 20, 3 (120), 11 : ... *ex quo ergo virtutem intelleximus? ostendit illam nobis ordo eius et decor et constantia et omnium inter se actionum concordia et magnitudo super omnia efferens sese...*

(3) Diogène Laerce, VII, 1, Ζήνων (exposé de la doctrine stoïcienne), 128, éd. Cobet-Didot, Paris, 1878, p. 186 : ... ἀρέσκει δ'αὐτοῖς καὶ διὰ παντὸς χρῆσθαι τῇ ἀρετῇ, ὡς οἱ περὶ Κλεάνθην φασίν · ἀναπόβλητος γάρ ἐστι καὶ πάντοτε τῇ ψυχῇ χρῆται οὔσῃ τελείᾳ ὁ σπουδαῖος.

(4) Ἐκ τῆς Διδύμου Ἐπιτομῆς, 5, Ζήνωνος καὶ τῶν λοιπῶν Στωικῶν δόγματα περὶ τοῦ ἠθικοῦ μέρους τῆς φιλοσοφίας, 5 b 1 (Stobée, éd. Wachsmuth, Berlin, 1884, 2, *cap.* 7, p. 60; *Fragmenta philosophorum graecorum*, éd. Müllach, Paris, Firmin-Didot, 1867, 2,

le langage expressif de nos anciens auteurs, ferme et pardurable. Telle est notamment la justice.

Au surplus, étant vertu, la justice est naturellement *habitus animi*, comme la définit Cicéron (1). Car c'est là la définition même de la vertu, considérée comme une habitude, comme une disposition de l'âme qui porte l'homme à bien agir. *Habitus animi* est la traduction latine des termes grecs ἕξις ψυχῆς. Aristote, par exemple, disait de la vertu qu'elle est une habitude la meilleure de l'âme : ἕξις ἡ βελτίστη ψυχῆς (2). Mais les stoïciens employèrent les mêmes termes : et c'est à eux que Cicéron les emprunte encore. C'est en effet l'enseignement, souvent répété, des stoïciens que la vertu réside dans une habitude de l'âme, ἐν ἕξει εἶναι τὰς ἀρετάς (3). Nous trouvons cet enseignement, notamment dans l'exposé de la doctrine stoïcienne, tel qu'il est présenté dans le petit traité didactique *Sur les sectes*

----

p. 64) : ... Κοινότερον δὲ τὴν ἀρετὴν διάθεσιν εἶναι φασι ψυχῆς σύμφωνον αὐτῇ περὶ ὅλον τὸν βίον (trad. latine : *Communius autem virtutem esse dicunt animi affectionem secum per totam vitam consentientem*). V. Ravaisson, *Essai sur le stoïcisme*, Paris, 1856, p. 53-55.

(1) Cicéron, *De inventione*, 2, 53, 160 (*suprà*, p. 3) : *institia est habitus animi... suam cuique tribuens dignitatem*.

(2) Ἐκ τῆς Διδύμου Ἐπιτομῆς, 3 g (Stobée, éd. Wachsmuth, 2, cap. 7, p. 51; *Fragm. philos. graecor.*, éd. Müllach, 2, p. 59). V. Aristote, *Mor. Eudem.*, 2, 1, 8; *Magn. Moral.*, 1, 4, 10.

(3) Ἐκ τῆς Διδύμου Ἐπιτομῆς, 5, Ζήνωνος καὶ τῶν λοιπῶν Στωικῶν δόγματα..., 5 k (Stobée, éd. Wachsmuth, 2, cap. 7, p. 73; *Fragm. philos. graecor.*, éd. Müllach, 2, p. 68) : ... καὶ ἐν ἕξει εἶναι, οἷον τὰς ἀρετάς · ...ἐν ἕξει δὲ οὐ μόνας εἶναι τὰς ἀρετάς, ἀλλὰ καὶ τὰς τέχνας τὰς ἐν τῷ σπουδαίῳ ἀνδρὶ ἀλλοιωθείσας ὑπὸ τῆς ἀρετῆς καὶ γενομένας ἀμεταπτώτους, οἱονεὶ γὰρ ἀρετὰς γίνεσθαι (trad. lat. : ... *alia in habitu quoque possunt, ut virtutes... Neque vero in habitu solas virtutes versari existimant, sed reliquas quoque artes in viro bono per virtutem immutatas et immutabiles redditas, quia quasi virtutum instar obtineant, inesse arbitrantur*).

des philosophes, qu'un certain Areios Didymos composa vers le temps d'Auguste (1).

Mais, si la vertu de justice est *habitus animi*, comme la définit Cicéron, elle est en même temps volonté, *voluntas*, comme le redit Ulpien.

Pour saisir et mieux comprendre ce nouvel aspect de la vertu de justice, il faut encore se reporter à la leçon stoïcienne, que la définition d'Ulpien ne fait que reproduire. Cette leçon, nous la retrouvons à travers les écrits de Cicéron et de Sénèque, mieux encore à travers les fragments de pythagoriciens ou stoïciens tels que Theages, Metopos, Clinias, Aresas (2), dans l'*Epitome* d'Areios Didymos, enfin dans les exposés de Diogène Laerce ou dans les recueils de Stobée.

Les données en sont les suivantes. « La vertu de justice est, comme la prudence, la tempérance et la force, une vertu active. Elle est à la fois science et art, ἐπιστήμη καὶ τέχνη... (3). Elle est science qui attribue à

---

(1) Areios Didymos, que nous savons venu d'Alexandrie à Rome, qui a adressé une Consolation à Livie après la mort de Drusus (Sénèque, *Ad Marc. de consolat.*, 4, 5), qui a peut-être même guidé l'empereur Auguste dans sa connaissance de la philosophie, composa un petit traité *Sur les sectes des philosophes*. La plus grande partie des fragments connus de cet *Epitome* a été conservée dans les recueils de Stobée, *Eclogae physicae et ethicae*, éd. Wachsmuth, Berlin, 1884, 2, *cap.* 7, p. 37 et s.; cet *epitome* est reproduit dans les *Fragm. phil. graec.*, éd. Müllach, 2, p. 53 s. Dans ce petit traité, Areios Didymos expose en abrégé la doctrine morale des stoïciens et celle des péripatéticiens; il ne fait pas œuvre originale; et c'est ce qui fait précisément pour nous la valeur de cette petite histoire de la philosophie ancienne. V. Senn, *Les origines de la notion de jurisprudence*, p. 21.

(2) Sur les pythagoriciens Theages de Crotone, Metopos de Métaponte, Clinias de Tarente, Aresas de Lucanie, v. *Fragm. phil. graec.*, éd. Müllach, 2, p. xlvii et xlix.

(3) Ἐκ τῆς Διδύμου Ἐπιτομῆς, 5, Ζήνωνος καὶ τῶν λοιπῶν Στωικῶν

chacun sa dignité, ce qui lui convient, διχαιοσύνην δὲ ἐπιστήμην ἀπονεμητιχὴν τῆς ἀξίας ἑχάστῳ (1); mais elle est aussi art, τέχνη, tendant à l'action... ».

C'est pourquoi, définie par ses trois éléments nécessaires, la justice est à la fois λόγος, *ratio*; δύναμις, *jacultas*; προαίρεσις, *voluntas* (2).

Comme toute vertu, elle est droite raison, *recta ratio* (*virtus non aliud est quam recta ratio*); cette *ratio*, par laquelle l'on juge et l'on examine, λόγος (3) ᾧ κρίνει καὶ

δόγματα..., 5 b (Stobée, éd. Wachsmuth, 2, cap. 7, p. 58; *Fragm. phil. graec.*, éd. Müllach, 2, p. 62) : ... Τῶν δὲ ἀρετῶν τὰς μὲν ἐπιστήμας τινῶν καὶ τέχνας, τὰς δ'οὔ. Φρόνησιν μὲν οὖν καὶ σωφροσύνην καὶ δικαιοσύνην καὶ ἀνδρείαν ἐπιστήμας εἶναι τινῶν καὶ τέχνας.

(1) Ἐκ τῆς Διδύμου Ἐπιτομῆς, 5, Ζήνωνος καὶ τῶν λοιπῶν Στωικῶν δόγματα..., 5 b 1 (Stobée, éd. Wachsmuth, 2, cap. 7, p. 59; *Fragm. phil. graec.*, éd. Müllach, 2, p. 64). — C'est cette même définition de la justice que devait sans doute reproduire Diogène Laerce, VII, 1, Ζήνων, § 92, éd. Cobet-Didot, p. 179, à cette place où les éditeurs indiquent que la définition de la justice fait défaut (τὴν δὲ δικαιοσύνην...). La restitution est d'autant plus vraisemblable que chacune des autres vertus principales est définie chez Diogène Laerce comme étant science, ἐπιστήμη; et que la définition de la φρόνησις, rapportée par Diogène Laerce, *loc. cit.*, est la même que la définition donnée par l''Ἐκ τῆς Διδύμου Ἐπιτομῆς, *loc. cit.*

(2) *Ex Theagis Pythagorei libro* Περὶ ἀρετᾶς (*Fragm. phil. graec.*, éd. Müllach, 2, p. 21) : Ἀνάγκα δ'ἀρετὰν τρία ταῦτα ἔχεν, λόγον, δύναμιν καὶ προαίρεσιν. Aussi, *E Metopi Pythagorei libro* Περὶ ἀρετᾶς (*Fragm. phil. graec.*, éd. Müllach, 2, p. 23) : Ἀνάγκα δ'ἀρετὰν πᾶσαν τρία ταῦτ' ἔχεν, λόγον καὶ δύναμιν καὶ προαίρεσιν · λόγον μέν, ᾧ κρίνει καὶ θεωρεῖ · δύναμιν δέ, ᾷ ἀντέχει καὶ κρατεῖ · προαίρεσιν δέ, ᾷ στέργει καὶ ἀγαπῇ. V. également *E Cliniae Pythagorei libro* Περὶ ὁσιότητος καὶ εὐσέβειας (*Fragm. phil. graec.*, éd. Müllach, 2, p. 24) : Πᾶσα μὲν οὖν ἀρετὰ τελεοῦται, καθάπερ ἐν ἀρχᾷ διώρισται, ἐκ λόγω καὶ προαιρέσιος καὶ δυνάμιος. Τούτων δὲ καθ' ἑαυτὸ ἕκαστον οὐκ ἀρετᾶς μέρος ἐντί, ἀλλ' αἴτιον ἀρετᾶς. — Compar. l'exposé différent d'Aristote, *Ethic. Nicom.*, 2, 5 (4), 1-2.

(3) C'est pourquoi le pythagoricien Aresas déclare (*Ex Aresae*

θεωρεῖ; raison humaine, puisque l'homme est un animal raisonnable, τοῦ δὲ ἀνθρώπου ὄντος ζῴου λογικοῦ (1); raison qui suit la nature, *ratio naturae imitatio* (2); raison qui est aussi un reflet de l'esprit divin, *in corpus humanum pars divini spiritus mersa* (3); raison qui est l'arbitre de ce qui est bien et de ce qui est mal, *ratio arbitra bonorum ac malorum* (4).

Elle est aussi δύναμις, *facultas*, c'est-à-dire : qui a

Lucani philosophi pythagorei lib. de hominis natura, dans *Fragm. phil. graec.*, éd. Mullach, 2, p. 51) : ... Ἐπεὶ ὦν ἕκαστον ἐν ποτὶ λόγον συντέτακται τὸν ἁρμόζοντα, τὸ τοιοῦτόν φαμι ἐγὼ δικαιότατα ἦμεν [tr. lat. : *quare quando singula rationi convenienter disposita sunt, hoc equidem iustum esse aio*].

(1) Ἐκ τῆς Διδύμου Ἐπιτομῆς, 5, Ζήνωνος καὶ τῶν λοιπῶν Στωικῶν δόγματα..., 6 (Stobée, éd. Wachsmuth, 2, cap. 7, p. 75; *Fragm. phil. graec.*, éd. Müllach, 2, p. 69) : Τοῦ δὲ ἀνθρώπου ὄντος ζῴου λογικοῦ θνητοῦ, φύσει πολιτικοῦ, φασὶ [οἱ Στωικοὶ] καὶ τὴν ἀρετὴν πᾶσαν τὴν περὶ ἄνθρωπον... V. *Ex Euryphami Pythagorei libro* Περὶ βίου (*Fragm. phil. graec.*, éd. Müllach, 2, p. 16) : ... οὕτω δέ τῷ ἀνθρώπῳ ἁ ἀρετὰ ἀκρότας ἐντὶ καὶ τελρότας τᾶς ἀνθρώπω φύσιος. La même leçon est donnée par le pythagoricien Hippodamos de Thurium Ἐκ τοῦ Περὶ εὐδαιμονίας, dans *Fragm. phil. graec.*, éd. Müllach, 2, p. 9; et, dans des termes à peu près identiques, par le pythagoricien Metopos, de Metapontum en Lucanie, Ἐκ τοῦ Περὶ ἀρετᾶς (*Fragm. phil. graec.*, éd. Müllach, 2, p. 23) : ἀρετά ἐντι ἀνθρώπω τελειότας φύσιος ἀνθρώπω.

(2) Sénèque, *Epist.*, 7, 4 (66), 39 : ...*sequitur autem ratio naturam. quid est ergo ratio? naturae imitatio.*

(3) Sénèque, *Epist.*, 7, 4 (66), 12 : ... *ratio autem nihil aliud est quam in corpus humanum pars divini spiritus mersa.* — Chrysippe (dans Plutarque, *De Stoicorum repugnantiis*, 9, 1035 c, éd. Dübner-Didot, *Scripta moralia*, 2, p. 1266) déclarait : Οὐ γάρ ἐστιν εὑρεῖν τῆς δικαιοσύνης ἄλλην ἀρχήν, οὐδ' ἄλλην γένεσιν, ἢ τὴν ἐκ τοῦ Διός, καὶ τὴν ἐκ τῆς κοινῆς φύσεως (trad. lat. de l'éd. : *non enim inveniri potest aliud iustitiae principium, alia origo, quam a Iove et communi natura petitum*).

(4) Sénèque, *Epist.*, 7, 4 (66), 35.

par soi-même la force de faire, δύναμις τὸ καθ' αὐτὸ ποιητικόν (1).

Enfin la vertu de justice est προαίρεσις, *voluntas*, par laquelle on aime, on a du goût pour quelque chose, ἢ στέργει καὶ ἀγαπῇ (2), volonté qui incite à agir.

Iustitia est constans et perpetua voluntas : c'est là l'aspect de la vertu de justice, qui devait attirer le plus l'attention du jurisconsulte. Sans doute, la justice est science : la connaissance précède l'action (3) : la justice suppose la connaissance de l'*aequum et bonum*, la *notitia aequi et boni*, dit encore Ulpien. Mais elle n'est pas seulement science. Elle tend à l'action : elle est aussi τέχνη, ce qui suppose qu'elle est préalablement volonté, *voluntas* (4).

Cet aspect pratique de la vertu de justice a d'ailleurs attiré à tel point l'attention des anciens que certains se sont plu à comparer ce qu'on pouvait attendre de la vertu de justice de ce qu'on pouvait attendre de la vertu de prudence, et d'ailleurs tout à l'avantage de la vertu de justice. Car, comme le remarquent les stoïciens, les vertus principales viennent parfois en concours

---

(1) Speusippe, *Fragmenta, Definitiones,* nᵒ 17 (*Fragm. phil. graec.*, éd. Müllach, 3, p. 75).

(2) V. *E Metopi Pythagorei libro* Περὶ ἀρετᾶς, p. 12, n. 2.

(3) Cicéron, *De officiis*, 1, 45, 160 : ... *etenim cognitionem prudentiamque sequetur considerata actio...*

(4) Sénèque, *Epist.*, 5, 3 (95), 57 : *Actio recta non erit, nisi recta fuerit voluntas : ab hac enim est actio. Rursus voluntas non erit recta, nisi habitus animi rectus fuerit : ab hoc enim est voluntas.* — Cicéron déclare à ce sujet au *De officiis*, 1, 9, 28 : ... *nam hoc ipsum ita iustum est, quod recte fit, si est voluntarium.* C'est ce que disait également Aristote, *Ethic. Nicom.*, 5, 9 (11), 1 : τὸ γὰρ δικαιοπραγεῖν πᾶν ἑκούσιον (*voluntarium est enim quidquid iuste aliquis agit*).

partiellement, tendant à une même fin (1). Si la vertu
de prudence comporte, parmi ses éléments essentiels,
la science des choses bonnes, la science des choses
qu'on doit rechercher; si, appliquée au droit, elle comporte la science du juste, elle apporte donc son concours à la vertu de justice (2) qui précisément, en tant

---

(1) Cf. les textes rassemblés par Arnim, *Stoicorum veterum
fragmenta*, Leipzig, Teubner, 1903, III, p. 72-74, § 8, *Mutua
virtutum coniunctio* : ces textes, qui reproduisent la doctrine
stoïcienne, sont extraits de Diogène Laerce, VII, 125, de Plutarque,
de Stoic. repugn., *cap.* 15 et 27, de Philon, de S. Jérôme, *ep.* LXVI,
3 *ad Pammachium*. V. surtout les textes cités ci-après, p. 40, n. 3.

(2) Ce concours que la vertu de prudence, comportant ici la science
du juste (Senn, *Les origines de la notion de jurisprudence*, p. 6,
27), apporte à la vertu de justice, est nettement indiqué par Plutarque, rapportant l'enseignement de Zénon dans son *De Stoicorum
repugnantiis*, 7, éd. Dübner-Didot, *Scripta moralia*, 2, p. 1265 :
1. Ἀρετὰς ὁ Ζήνων ἀπολείπει πλείονας κατὰ διαφοράς, ὥσπερ ὁ Πλάτων, οἷον
φρόνησιν ἀνδρείαν σωφροσύνην δικαιοσύνην, ὡς ἀχωρίστους μὲν οὔσας,
ἑτέρας δὲ καὶ διαφερούσας ἀλλήλων. 2. Πάλιν δὲ ὁριζόμενος αὐτῶν ἑκάσ-
την,... τὴν δὲ δικαιοσύνην φρόνησιν ἐν ἀπονεμητέοις · ὡς μίαν οὖσαν ἀρετήν,
ταῖς δὲ πρὸς τὰ πράγματα σχέσεσι κατὰ τὰς ἐνεργείας διαφέρειν δοκοῦσαν.
Zénon dit que la justice est prudence relativement à ce qui doit
être attribué à chacun. D'ailleurs, selon Zénon, l'élément-science,
qui se rencontre dans chacune des vertus principales de justice, de
tempérance et de force, est du domaine de la prudence, science
des choses bonnes et des choses mauvaises : ἔοικε δέ καὶ Ζήνων εἰς
τοῦτό πως ὑποφέρεσθαι ὁ Κιτιεύς, ὁριζόμενος τὴν φρόνησιν ἐν μὲν ἀπονεμητέοις δικαιοσύνην, ἐν δ'αἱρετέοις σωφροσύνην, ἐν δ'ὑπομενετέοις ἀνδρείαν ·
ἀπολογούμενοι δ'ἀξιοῦσιν ἐν τούτοις τὴν ἐπιστήμην φρόνησιν ὑπὸ τοῦ Ζήνωνος
ὠνομάσθαι (Plutarque, *De virtute morali*, 2, éd. Didot, *Scripta moralia*, 1, p. 535). Au surplus, en insistant si vivement sur l'élément-
science de ces vertus principales et en plaçant leur principe dans
la raison, Zénon s'efforçait de combattre l'enseignement de certains
philosophes antérieurs : *cumque superiores non omnem virtutem
in ratione esse dicerent, sed quasdam virtutes natura aut more
perfectas, hic (Zeno) omnes in ratione ponebat; cumque illi ea
genera virtutum, quae supra dixi, seiungi posse arbitrarentur, hic
nec id ullo modo fieri posse disserebat, nec virtutis usum modo, ut*

que science, suppose la connaissance de l'*aequum et bonum*. Et cependant, la pratique de la vertu, les *opera virtutis*, les *officia iustitiae* attirent de préférence l'attention du jurisconsulte. Cicéron le dit expressément; il donne la première place aux *officia iustitiae* (1) : par exemple, parlant de la bonne foi, il dira que, pour lui faire produire des effets, la prudence ne vaudra rien sans la justice, *prudentia sine institia nihil valeat ad faciendam fidem* (2). Dans un style concis, il donnera même une formule, qui sera reprise peut-être avec excès par Boèce : *iustitia sine prudentia multum poterit, sine iustitia nihil valebit prudentia*, la justice sans la prudence pourra beaucoup, sans la justice la prudence ne vaudra rien (3). Cette formule, interprétée d'ailleurs

---

superiores, sed ipsum habitum per se esse praeclarum, nec tamen virtutem cuiquam adesse, quin ea semper uteretur (Cicéron, *Academic. poster.*, 1, 10, 38). Zénon n'en distinguait pas moins ces vertus, notamment la justice, dans leur usage. Il semblerait cependant que ce fût en réaction contre cette tendance de Zénon à attirer l'attention particulièrement sur l'élément-science de la vertu de justice que les écrivains postérieurs donnent au contraire la première place à l'action qui doit suivre la connaissance.

(1) Cicéron, *De officiis*, 1, 42, 155 : *Quibus rebus intellegitur studiis officiisque scientiae praeponenda esse officia iustitiae, quae pertinent ad hominum caritatem...*; 1, 42, 1 : *... ergo omne officium, quod ad coniunctionem hominum et ad societatem tuendam valet, anteponendum est illi officio, quod cognitione et scientia contine-tur...*; 1, 43, 1 : *... in officiis diligendis id genus officiorum excellere, quod teneatur hominum societate. Etenim cognitionem pruden-tiamque sequitur considerata actio. Ita fit ut agere considerate pluris sit quam cogitare prudenter.*

(2) Cicéron, *De officiis*, 2, 9, 34 : *Harum igitur duarum [prudentiae et iustitiae] ad fidem faciendam iustitia plus pollet : quippe cum ea sine prudentia satis habeat auctoritatis, prudentia sine iustitia nihil valeat ad faciendam fidem.*

(3) Cicéron, *De officiis*, 2, 9, 34 : *... Quamobrem intelligentiae iustitia coniuncta, quantum volet, habebit ad faciendam fidem*

abusivement, tendrait à dissocier dans la vertu de justice la science et l'art, la connaissance et l'action. Cette dissociation n'est cependant pas admise par le monde antique. Bien que les Romains donnent d'une manière certaine la préférence à l'action, pourtant, ils ne méconnaissent pas la nécessité, l'utilité, l'importance de la prudence (1). Tous l'estiment utile, déclare encore Cicéron (2). Que vaudrait en effet une action,

---

virium : iustitia sine prudentia multum poterit : sine iustitia nihil valebit prudentia. — S. Ambroise, *De officiis ministrorum, lib.* 2, *cap.* 8, § 43 (Migne, *Patrol. lat.,* 16, col. 114), s'inspire de la leçon' de Cicéron en réclamant la nécessité de l'action, en conséquence la nécessité de réaliser la justice; il invoque l'autorité de la sagesse païenne, tout en faisant remarquer qu'elle est conforme à l'enseignement de l'Ancien Testament : ... *Facit enim iustitia, ut nullus sit fraudis metus : fecit etiam prudentia, ut nulla sit erroris suspicio. Promtius tamen nos iusto viro quam prudenti committimus, ut secundum usum vulgi loquar. Ceterum sapientum definitione, in quo una virtus est, concurrunt ceterae, nec potest sine iustitia esse prudentia. Quod etiam in nostris invenimus.* Boèce exagère encore davantage la leçon de Cicéron en déclarant dans son *De disciplina scholarium, cap.* 1 (Migne, *Patrol. lat.,* 64, col. 1226) : *Sicut enim prudentia sine iustitia parum vel nihil prodest, iustitia autem sine prudentia multum : sic scientia sine usu prodest parum, usus autem sine scientia prodest multum.*

(1) Cicéron, *De officiis,* 2, 12, 42, signale cette importance de la *prudentia* jointe à la *iustitia.* Ce qui décida dans le choix des chefs, dit-il, ce fut leur réputation de justice; mais, s'ils y joignaient la prudence, il n'était point d'avantage qu'on ne se promît de leur gouvernement : *ergo hoc quidem perspicuum est, eos ad imperandum deligi solitos, quorum de iustitia magna esset opinio multitudinis. Adiuncto vero, ut idem etiam prudentes haberentur, nihil erat, quod homines iis auctoribus non posse consequi se arbitrarentur.*

(2) Cicéron, *De officiis,* 2, 9, 33 : *Fides autem ut habeatur, duabus rebus effici potest : si existimabimur adepti coniunctam cum iustitia prudentiam. Nam et iis fidem habemus, quos plus intelligere quam nos arbitramur, quosque et futura prospicere*

si elle n'est précédée par la connaissance de la fin à
atteindre? Ce que Grecs et Romains (1) veulent exprimer, c'est en réalité cette idée courante que la vertu est
estimée sur son usage (2).

La vertu de justice, *habitus animi*, est bien à la fois
science et art. Principe d'action, elle est *voluntas*. Aussi
s'agit-il de déterminer et les *opera* et les *officia* de cette
vertu de justice.

------

*credimus, et cum res agatur, in discrimenque ventum sit, expedire
rem et consilium ex tempore capere posse. Hanc enim utilem omnes
existimant veramque prudentiam.*

(1) Cicéron, *Partitiones oratoriae*, 22, 76 : *Est igitur vis virtutis
duplex. Aut enim scientia cernitur virtus aut actione... 78. In
communione autem quae posita pars est, iustitia dicitur,... Atque
hae quidem virtutes cernuntur in agendo.*

(2) Hippodamos de Thurium, *e libro de felicitate* (*Fragm. phil.
graec.*, 2, p. 9) : ἁ μὲν ἀρετὰ καττὰν χρῆσιν,... (trad. lat. : *et virtus
quidem consideratur in ipso usu*). — Cicéron, *De re publica*, 2, 2 :
*Nec vero habere virtutem satis est quasi artem aliquam nisi utare;
etsi ars quidem cum ea non utare scientia tamen ipsa teneri potest,
virtus in usu sui tota posita est.*

II

La vertu de justice est volonté qui attribue à chacun sa
dignité, ce qui lui revient, *suam cuique tribuens dignitatem*
(Cicéron, qui reproduit la leçon stoïcienne grecque);
volonté d'attribuer à chacun son droit, *ius suum cuique
tribuendi* (Ulpien, qui remplace *suam dignitatem* par *ius
suum*).

De l'explication du *ius suum cuique tribuere* (selon Cicéron,
Pomponius, Florentinus, Paul, Ulpien), par suite de la
détermination entre des êtres différents de l'*aequum* en
vue du bien commun. — De la commune mesure de tous
les droits particuliers : l'éternel *aequum et bonum*.

Des rapports qui existent entre le *ius naturale* et la législation positive.

En second lieu, la vertu de justice est volonté de
rendre à chacun son droit, *ius suum cuique tribuendi*,
dit Ulpien (1); qui attribue à chacun sa dignité, *suam
cuique tribuens dignitatem*, rapportait Cicéron.

C'est encore là l'enseignement que les Romains ont
reçu des Grecs, à proprement parler de l'école stoïcienne. Cependant la formule qui provient directement
de l'enseignement grec stoïcien est la formule rapportée
par Cicéron : *iustitia suam dignitatem cuique tribuens* (2). Cette formule est la traduction littérale de
ἀπονεμητικὴ τῆς ἀξίας ἑκάστῳ (3); et le stoïcien explique

---

(1) V. p. 1.

(2) Cicéron, *De inventione*, 2, 53, 160 : *Iustitia est habitus animi,
communi utilitate conservata, suam cuique tribuens dignitatem.*

(3) Ἐκ τῆς Διδύμου Ἐπιτομῆς, 5, Ζήνωνος καὶ τῶν λοιπῶν Στωικῶν
δόγματα..., 5 b 1 (Stobée, éd. Wachsmuth, 2, *cap.* 7, p. 59; *Fragm.*

lui-même ces termes en disant qu'ils signifient « qui rend à chacun ce qui lui convient, ce qui lui revient », ἔστι γὰρ οἷον τοῦ ἐπιβάλλοντος ἑκάστῳ (1). Le jurisconsulte romain remplace le *suam dignitatem* par *ius suum*, naturellement avec le même sens de « ce qui convient, ce qui revient à chacun » : justice est volonté qui rend à chacun son droit.

La formule est digne d'attention, surtout à notre époque où sa compréhension pourrait être obscurcie par certaines de nos conceptions modernes.

---

phil. graec., éd. Müllach, 2, p. 64) : ... δικαιοσύνην δὲ ᾽ἐπιστήμην [ἀπονεμητικήν] τῆς ἀξίας ἑκάστῳ... — D'autres fois, c'est l'expression τοῦ κατ᾽ ἀξίαν ἑκάστῳ, qui est employée. Ainsi, dans les *Définitions* de Speusippe (*Fragm. phil. graec.*, éd. Müllach, 3, p. 76, n° 23) : Δικαιοσύνη... ἕξις διανεμητικὴ τοῦ κατ᾽ ᾽ἀξίαν ἑκάστῳ; dans l'᾽Εκ τῆς Διδύμου ᾽Επιτομῆς, 5, 7 f (ci-après p. 20, n. 1) : ἕξις ἀπονεμητικὴ τοῦ κατ᾽ ἀξιάν ἑκάστῳ; dans Philon le Juif, *Leg. alley.*, 1, 87 (cité par Arnim, *Stoicorum veter. fragm.*, 3, p. 64) : ὅτι ἀπονεμητικὴ τῶν κατ᾽ ἀξίαν ἐστὶν ἡ δικαιοσύνη; dans Andronicus, περὶ παθῶν (*Fragm. phil. graec.*, éd. Müllach, 3, p. 574) : Δικαιοσύνη δὲ ἕξις διανεμητικὴ τοῦ κατ᾽ ἀξίαν ἑκάστου. Cette expression trouve sa traduction latine *cuique pro dignitate* dans *Ad C. Herennium lib.* 3, 2, 3 (ci-après, p. 34, n. 3) et surtout dans Cicéron, *De officiis*, 1, 14, 42 : ...*tum ut pro dignitate cuique tribuatur; id enim est iustitiae fundamentum, ad quam haec referenda sunt omnia.* — Enfin, Cléanthe dit de la justice qu'elle est περὶ τὰς ἀξίας, selon Plutarque, *De Stoic. repugn.*, 7, éd. Dübner-Didot, *Scripta moralia*, 2, p. 1265.

(1) Sur le sens du mot ἀξία, *dignitas*, notamment dans la définition de la justice, nous possédons un passage particulièrement intéressant de l'᾽Εκ τῆς Διδύμου ᾽Επιτομῆς, 5, Ζήνωνος καὶ τῶν λοιπῶν Στωικῶν δόγματα περὶ τοῦ ἠθικοῦ μέρους τῆς φιλοσοφίας, 7 f (Stobée, éd. Wachsmuth, 2, cap. 7, p. 83-84; *Fragm. phil. graec.*, éd. Müllach, 2, p. 72) : Πάντα δὲ τὰ κατὰ φύσιν ἀξίαν ἔχειν (trad. lat. : *omnia quae naturae conveniant habere dignitatem...*) καὶ πάντα τὰ παρὰ φύσιν ἀπαξίαν... Χρῆσθαι δ᾽ἡμᾶς φησιν ἐνίοτε τῷ ὀνόματι τῆς ἀξίας ἀντὶ τοῦ ᾽ἐπιβάλλοντος · ὡς ἐν τῷ τῆς δικαιοσύνης ὅρῳ παρείληπται, ὅταν λέγηται εἶναι ἕξις ἀπονεμητικὴ τοῦ κατ᾽ἀξίαν ῾ἑκάστῳ · ἔστι γὰρ οἷον τοῦ ἐπιβάλλοντος ῾ἑκάστῳ.

Attribuer à chacun *son* droit, c'est en effet concevoir que des êtres par rapport à d'autres êtres ont des droits que ces derniers n'auraient pas. Et c'est là, selon Cicéron, qui reproduit le stoïcien grec, le fondement même du droit, tel que la nature le fait apparaître.

Le droit, dit Cicéron au *De inventione*, 2, 53, 161, ne trouve pas son principe dans une opinion, mais dans la nature (1). De par nature, une force innée (2)

------

(1) C'est là la leçon même donnée par Chrysippe, déclarant que le droit trouve son fondement non pas dans une opinion, mais dans la nature, comme d'ailleurs la loi et la droite raison : φύσει τε τὸ δίκαιον εἶναι καὶ μὴ θέσει, ὡς καὶ τὸν νόμον καὶ τὸν ὀρθὸν λόγον, καθά φησι Χρύσιππος ἐν τῷ περὶ τοῦ καλοῦ (Diogène Laerce, VII, 1, Ζήνων, 128, éd. Cobet-Didot, p. 186). V. aussi l' Ἐκ τῆς Διδύμου Ἐπιτομῆς, 5, Ζήνωνος καὶ τῶν λοιπῶν Στωικῶν δόγματα..., 11 b (Stobée, éd. Wachsmuth, 2, *cap.* 7, p. 94; *Fragm. phil. graec.*, éd. Müllach, 2, p. 76), selon lequel telle est la leçon commune des Stoïciens : Τό τε δίκαιόν φασι φύσει εἶναι καὶ μὴ θέσει (*ius vero dicunt natura esse, non opinione*). — Au surplus, déclare Cicéron, ce n'est pas seulement le *ius* et l'*iniuria* qui sont distingués par la nature ; c'est encore d'une manière générale l'honnête et le honteux ; une intelligence commune les a fait pénétrer dans nos esprits ; et faire dépendre cette notion de l'opinion au lieu de la placer dans la nature, c'est de la démence (*De legibus*, 1, 16, 44 : ... *nec solum ius et iniuria natura diiudicatur, sed omnino omnia honesta et turpia ; nam ut communis intellegentia nobis notas res efficit easque in animis nostris inchoavit, ... ea autem in opinione existimare, non in natura posita dementis est*). — V. aussi Cicéron, *De legibus*, 1, 10, 28 : ... *neque opinione, sed natura constitutum esse ius. Id iam patebit, si hominum inter ipsos societatem coniunctionemque perspexeris*. — Compar. la discussion subtile de Socrate dans Platon, Μένων, 98 c et s. (Platon, *Œuvres*, 3, 2, *Menon*, éd. Croiset-Botin, Collect. des Univers. de France, p. 229, 277 s.).

(2) A cet enseignement s'oppose la leçon d'Epicure, selon lequel le droit de nature repose sur la convention d'utilité de ne pas se nuire mutuellement; d'où il résulte que, pour les animaux qui ne peuvent pas former de convention de ce genre ni s'engager à ne pas se nuire réciproquement, il n'est pas de droit, il n'y a ni juste

a fait pénétrer en nous certaines notions comme la religion, la *pietas*, la reconnaissance, la *vindicatio*, le respect, la vérité (1). Ces notions supposent nécessai-

---

ni injuste; et qu'il en est de même pour les nations qui n'ont pas pu ou qui n'ont pas voulu s'engager par un pacte à ne pas se nuire réciproquement (Diogène Laerce, X, 'Επίκουρος, 150, 33, éd. Cobet-Didot, p. 287 : Τὸ τῆς φύσεως δίκαιον ἔστι σύμβολον τοῦ συμφέροντος εἰς τὸ μὴ βλάπτειν ἀλλήλους μηδὲ βλάπτεσθαι. 34. Ὅσα τῶν ζῴων μὴ ἠδύνατο συνθήκας ποιεῖσθαι τὰς ὑπὲρ τοῦ μὴ βλάπτειν ἄλληλα μηδὲ βλάπτεσθαι, πρὸς ταῦτα οὐθέν ἐστιν οὐδὲ δίκαιον οὐδ' ἄδικον · ὡσαύτως δὲ καὶ τῶν ἐθνῶν ὅσα μὴ ἠδύνατο ἢ μὴ ἐβούλετο τὰς συνθήκας ποιεῖσθαι τὰς ὑπὲρ τοῦ μὴ βλάπτειν μηδὲ βλάπτεσθαι). V. p. 5, n. 1. — Cette doctrine épicurienne est soutenue par Horace, *Satires*, 1, 3, 113,

Nec natura potest iusto secernere iniquum.

Ses ennemis étant parmi les stoïciens et leur clientèle, Horace est pour Epicure contre Zénon. La nature, dit-il, apprend à distinguer l'utile et le nuisible (*Satires*, 1, 3, 114); c'est parce que certains actes étaient nuisibles qu'on les a dit injustes, et c'est pour en prévenir le retour qu'on a institué des droits (*Satires*, 1, 3, 111 : *iura inventa metu iniusti fateare necesse est*). V. Œuvres d'Horace, *Satires*, éd. P. Lejay, 1911, p. 61, 66 et 90 sous v. 111-113. — Cicéron faisait allusion à la doctrine épicurienne quand au *De re publica*, 3, 11, 18 (éd. Ziegler), il rapporte l'opinion de ceux qui soutiennent l'inexistence d'un droit naturel : *nihil habet igitur naturale ius ; ex quo illud efficitur, ne iustos quidem esse natura . an vero in legibus varietatem esse dicunt, natura autem viros bonos eam iustitiam sequi quae sit, non eam quae putetur ?*

(1) Cicéron, *De inventione*, 2, 53, 161 : *Natura ius est, quod non opinio genuit, sed quaedam innata vis inseruit, ut religionem, pietatem, gratiam, vindicationem, observantiam, veritatem. Religio est, quae superioris cuiusdam naturae, quam divinam vocant, curam caerimoniamque affert : pietas, per quam sanguine coniunctis, patriaeque benivolis officium et diligens tribuitur cultus : gratia, in qua amicitiarum et officiorum alterius memoria, et remunerandi voluntas continetur : vindicatio, per quam vis et iniuria, et omnino omne, quod obfuturum est, defendendo aut ulciscendo propulsatur : observantia, per quam homines aliqua dignitate antecedentes cultu quodam et honore dignantur : veritas, per quam immutata ea, quae sunt, aut ante fuerint, aut futura*

rement l'établissement de rapports entre des êtres différents. La religion ne comporte-t-elle pas un hommage et un culte à une nature suprême, qui est appelée divine? La *pietas* ne comporte-t-elle pas un service et des soins diligents envers ceux qui nous sont unis par le sang (1) ou envers la patrie (2)? La reconnaissance n'est-elle pas le souvenir des amitiés et des services

----

sunt, dicuntur. — V. également Cicéron, *De inventione*, 2, 22, 65 : ... *ius ex quibus rebus constet, est considerandum. Initium ergo eius ab natura ductum videtur; ... ac naturae quidem ius esse, quod nobis non opinio, sed quaedam innata vis afferat, ut religionem, pietatem, vindicationem, observantiam, veritatem. Religionem, eam, quae in metu et caerimonia deorum sit, appellant : pietatem, quae erga patriam, aut parentes, aut alios sanguine coniunctos officium conservare moneat; gratiam, quae in memoria et remuneratione officiorum, et honoris, et amicitiarum observantiam teneat; vindicationem, per quam, vim et contumeliam, defendendo aut ulciscendo, propulsamus a nobis, et a nostris, qui nobis esse cari debent, et per quam peccata punimus; observantiam, per quam aetate, aut sapientia, aut honore, aut aliqua dignitate antecedentes veremur et colimus; veritatem, per quam damus operam, ne quid aliter, quam confirmaverimus, fiat, aut factum aut futurum sit.* — Selon Macrobe, *In somnium Scipionis*, 1, 8, 7, *iustitiae servare uni cuique quod suum est . de iustitia veniunt innocentia amicitia concordia pietas religio affectus humanitas.* — V. encore les parties de la justice indiquées par Andronicus de Rhodes, περὶ παθῶν (*Fragm. phil. graec.*, éd. Müllach, 3, p. 577), avec les définitions de chacune d'elles. Il est fait aussi allusion à certaines d'entre elles au début des Χρυσᾶ ἔπη, v. 1-13 (*Aureum Pythagoreorum carmen*, dans *Fragm. phil. graec.*, éd. Müllach, 1, p. 193 : œuvre apocryphe du néopythagorisme).

(1) *Ad C. Herennium lib.* 2, *cap.* 13, § 19 (éd. F. Marx, p. 224) : *Natura ius est quod cognationis aut pietatis causa obseruatur, quo iure parentes a liberis, et a parentibus liberi coluntur.*

(2) Cicéron déclare que la *pietas* comporte un *officium*, notamment *erga patriam* (*De inventione*, 2, 22, 65); au *De inventione*, 2, 53, 161, il parlera de *patriaeque benivolis officium.* V. p. 22, n. 1.

d'autrui, et la volonté de les payer de retour? La *vindicatio* ne comporte-t-elle pas le fait de repousser toute violence ou toute injustice venant d'autrui? Le respect ne demande-t-il pas cette déférence et cet honneur, dus aux hommes supérieurs en mérite et en dignité? Enfin la vérité, qui suppose que ce qui est, ce qui a été et ce qui devra être demeurent toujours exprimés d'une manière immuable, n'est-elle pas à la base de la bonne foi que les hommes se doivent les uns aux autres, de cette *bona fides* que Cicéron définit la vérité constante des choses dites et convenues.

Toutes ces notions premières, dont une force innée nous a pénétrés (1), supposent donc nécessairement des rapports entre des êtres différents, qui désormais ne sont plus placés sur un pied de complète égalité (2) :

----

(1) Ces notions rentrent parmi ces *divinae atque humanae res*, dont la connaissance est nécessaire au prudent. Sénèque, *Epist.*, 14, 2 (90), 3 : ... *huius (philosophiae) opus unum est de divinis humanisque verum invenire. ab hac numquam recedit religio, pietas, iustitia et omnis alius comitatus virtutum consertarum et inter se cohaerentium.* V. Senn, *Les origines de la notion de jurisprudence*, Paris, 1926, p. 32 s. — Vers la fin du iie siècle de l'ère chrétienne ou au début du iiie siècle, Claudius Aelianus, de Préneste (cf. M. Croiset, *Hist. de la littérature grecque*, 1901, 5, 2e éd., p. 774 s.), dans le prologue de son traité περὶ ζώων, *Sur les animaux*, déclare qu'on admire en l'homme juste la religion, le souci du devoir envers les parents, le souci de repousser les embûches, et en général tous autres dons que la nature a mis en lui (Aeliani, *De natura animalium*, Paris, 1858, éd. Hercher-Didot, Προοίμιον, p. 1 : Ἄνθρωπον μὲν εἶναι σοφὸν καὶ δίκαιον καὶ τῶν οἰκείων παίδων προμηθέστατον, καὶ τῶν γειναμένων ποιεῖσθαι τὴν προσήκουσαν φροντίδα, καὶ τροφὴν ἑαυτῷ μαστεύειν καὶ ἐπιβουλὰς φυλάττεσθαι καὶ τὰ λοιπὰ ὅσα αὐτῷ σύνεστι δῶρα φύσεως, παράδοξον ἴσως οὐδέν · ... ἀλλὰ καὶ θεοὺς αἰδεῖσθαι οἶδε καὶ σέβειν....).

(2) V. un curieux passage de Jamblique, vivant dans la première moitié du ive s. ap. J.-C., de l'école néoplatonicienne, qui dans

Dieu et homme; parents et enfants; parents entre eux; bienfaiteurs et ceux qui ont reçu un bienfait; offensé et offenseur; victime d'un délit et son auteur; dirigeant et dirigé; stipulant et promettant; celui au profit duquel une déclaration de volonté a été faite et le déclarant; celui qui a transféré une chose pour que plus tard elle lui soit rendue et celui qui a reçu aux fins de rendre, etc.

Or c'est précisément de ces notions premières et des rapports qu'elles font naître que résulte, de par nature, le droit, *ius* (1).

———

son *Traité de la vie pythagorique* indique comment la justice, se fondant d'abord sur une égalité absolue, en est venue à prendre appui seulement sur une égalité dans les rapports : Περὶ τοῦ Πυθαγορικοῦ βίου, éd. Westermann, Paris, Firmin-Didot, 1878, 30, nᵒˢ 167 s., 175 s., 179 s.

(1) L'étymologie du mot *ius* est discutée. Pour certains (Schrader, *Reallexikon der indogermanischen Altertumskunde*, 1901, p. 657; Schmidt, chez Mommsen, *Röm. Staatsrecht*, 3, p. 308, n 2 et 3, *Droit public romain*, trad. Girard, 6, 1, p. 352, 4), le mot *iûs* se rattacherait à ce qui est saint, pur, comme dans *iûrare*. — De son côté, M. Bréal, *L'origine des mots désignant le droit et la loi en latin*, dans *Nouv. Revue histor. de droit fr. et étr.*, 7, 1883, p. 605-606, enseigne que *ius*, chef de famille de mots et n'ayant lui-même aucun ancêtre, se retrouve sous les mots *jaus* ou *jous* chez les peuples de l'Italie, de la Perse et de l'Inde : il exprimerait une idée correspondant aux notions les plus élevées que puisse concevoir l'esprit de l'homme; la pensée anciennement renfermée dans ce mot serait celle de la volonté ou de la puissance divine; et, partant de ces prémices, l'auteur se demande comment *ius* s'est dégagé à Rome de ses origines religieuses. — Cependant déjà Ihering, *L'esprit du droit romain*, trad. de Meulenaere, 1, 3ᵉ éd., p. 219, n. 165, qui suit Pott, *Etymologische Forschungen aus dem Gebiete der Indogermanischen Sprachen*, 1, 1883, p. 213, indique que *ius* est le lien, de la racine sanscrite *ju*, lier, d'où dérive aussi *jugum*, *jumentum*, *jungere*, ζεύγνυμι, et une foule d'autres mots dans d'autres langues. Et c'est cette dernière origine étymologique qui est encore adoptée dans les récents travaux étymologiques de

Telle est la leçon que les Romains ont reçue. Notons en passant que cette leçon est courante parmi les écrivains de Rome, ses orateurs et ses jurisconsultes. Elle ne demeure pas enfouie dans le *De inventione* de Cicéron (1). Elle est connue des jurisconsultes, qui la placent en tête de leurs ouvrages élémentaires didactiques, *enchiridia* ou *institutiones*. Nous le savons par quelques-uns de leurs fragments insérés au Digeste, principalement au titre *De iustitia et iure*. Sous le nom de Pomponius, on rappelle que le droit, de par nature, résulte de ces notions telles que la religion (2) et la

---

Meringer, dans *Indogermanische Forschungen*, 17, 1904-1905, p. 144, et suivie par L. Wenger, *Sprachforschung und Rechtswissenschaft*, dans *Wörter und Sachen*, 1, 1, 1909, p. 85. Elle s'entendrait bien, remarquons-le, avec l'indication, que donnent les textes, des sources du *ius natura*. — V. encore Grienberger, dans *Indogermanische Forschungen*, 11, 1900, p. 342 ; Walde, *Lateinisches etymologisches Wörterbuch*, 2e éd., Heidelberg, 1910, p. 399, v° *ius*.

(1) Cicéron fait encore allusion à ces notions et aux *officia* qu'elles comportent dans le *De officiis*, 1, 45, 160, où il indique que ces *officia* sont de degrés différents : ... *in ipsa autem communitate sunt gradus officiorum, ex quibus quid cuique praestet intellegi possit, ut prima diis immortalibus, secunda patriae. tertia parentibus, deinceps gradatim reliquis debeantur.* — V. aussi Cicéron, *Partitiones oratoriae*, 22, 78 : *In communione autem quae posita pars est, iustitia dicitur, eaque erga deos religio, erga parentes pietas, [vulgo autem bonitas], creditis in rebus fides, in moderatione animaduertendi lenitas, amicitia in benivolentia nominatur. Atque hae quidem virtutes cernuntur in agendo;* 12, 42 : ... *aut, iure factum, depellendi aut ulciscendi doloris gratia, aut pietatis aut pudicitiae aut religionis aut patriae nomine,...*

(2) Les Romains, comme les Grecs, rattachent donc la religion au droit naturel, au *ius natura* (*suprà*, p. 22) : nous devons, disent-ils, à la nature divine un hommage et un culte. Mais, si la raison naturelle commande de faire quelque chose pour honorer la divinité, elle ne dicte pas de faire telle ou telle chose plutôt que telle ou telle autre. La détermination de ce qui, à ce sujet, doit être

pietas : veluti erga <*Deum*> *religio : ut parentibus et patriae pareamus* (1). Au fragment suivant, sous le nom de Florentinus, on indique au nombre de ces notions la *vindicatio : ut vim atque iniuriam propulsemus* (2). Toutes ces notions premières trouvent place

---

ou ne doit pas être fait est d'institution de droit divin ou de droit humain (encore en ce sens, S. Thomas d'Aquin, *Summa theol.*, II^a II^{ae}, *qu.* 81, *art.* 2, 3⁰ et *qu.* 93, *art.* 1, 2ᵘ). A Rome, ce qui est déclaré déterminé par le droit divin se rattache au *fas* (Ihering, *L'esprit du droit romain*, tr. de Meulenaere, I, 3ᵉ éd., p. 267 s.; Muirhead, *Introduction histor. au droit privé de Rome*, trad. Bourcart, Paris, 1889, p. 20, n. 2) : d'où les célèbres définition et distinction rapportées par Isidore de Séville, *Orig.*, 5, 2, *fas lex divina est, ius lex humana.*

(1) Pomponius, *libro singulari enchiridii, D.*, 1, 1, *de iustitia et iure*, 2 : *Veluti erga* <*Deum*> *religio : ut parentibus et patriae pareamus.* Le <*Deum*> est, à notre sens, interpolé. Le texte primitif du jurisconsulte devait porter : *erga deos* (Cicéron, *Partitiones oratoriae*, 22, 78) ou *erga deos immortales* (compar. Cicéron, *De officiis*, 1, 45, 160, *suprà*, p. 26, n. 1). Les compilateurs chrétiens ont écrit *erga Deum.*

(2) Florentinus, *libro primo institutionum, D.*, 1, 1, *de iustitia et iure*, 3 : *ut vim atque iniuriam propulsemus : nam iure hoc evenit, ut quod quisque ob tutelam corporis sui fecerit, iure fecisse existimetur, et cum inter nos cognationem quandam natura constituit, consequens est hominem homini insidiari nefas esse.* Le texte fait sans aucun doute allusion à la *vindicatio*, comme en témoigne la comparaison du *ut vim atque iniuriam propulsemus* avec les passages précités de Cicéron, *De inventione*, 2, 53, 161 (*vindicatio per quam vis et iniuria... propulsatur*) et 2, 22, 65 (*vindicatio per quam vim et contumeliam... propulsamus a nobis*). — Il importe d'ailleurs peu que la finale *et cum inter nos cognationem... insidiari nefas esse* soit une addition des compilateurs, comme l'indique Beseler, *Beiträge zur Kritik der römischen Rechtsquellen*, 3, 1913, p. 62; mais, en tout cas, cette finale n'est pas étrangère, comme le pense Beseler, aux considérations qui précèdent, puisque c'est à raison de la société, qui est et doit être maintenue entre les hommes, que nous possédons de par nature cette *vindicatio* (v. ci-après le texte de Cicéron, p. 32, n. 1). — Isidore de Séville,

dans les recueils juridiques; toutes y sont signalées
comme faisant produire des effets de droit (1). L'une
des plus fécondes dans ses applications n'est-elle pas,
par exemple, la vérité, et comme corollaire la bonne
foi, qui exige le respect de la parole donnée (2) et éga-

Etymolog., 5, 4, 2 (Migne, *Patr. lat.*, 82, col. 199), rattachera au
ius naturale la *violentiae per vim repulsio*.

(1) L'étude des effets de droit, qui résultent de la mise en œuvre
de ces notions, ne peut être l'objet que d'une étude spéciale. Toutefois, pour en faire ressortir dès maintenant l'importance, nous
indiquerons, mais seulement à titre d'exemples : 1° et les effets
juridiques, résultant de la mise en œuvre de la *pietas*. Ainsi, au
cas de testament inofficieux : *quod frustra liberis exheredatis non
ex officio pietatis videtur esse conscriptum*, Paul, *Sentent.*, 4, 5, 1.
Au cas d'obligation alimentaire : *ea quae vivus filius ex officio
pietatis suae dabit*, Ulpien, *D.*, 25, 3, *De agnosc. et alendis liberis
vel parentib.*, 5, 17. C'est encore sur la notion de *pietas* que se
fondent les sénatusconsultes Tertullien et Orfitien (*Instit. Iust.*,
3, 3 et 4); et c'est sans doute parce que la *pietas* est due par les
parents aux enfants avant même d'être due aux enfants par les
parents que la mère fut, sous certaines conditions, proclamée par
le sénatusconsulte Tertullien héritière de ses enfants avant que
ceux-ci aient pu hériter d'elle en vertu du sénatusconsulte Orfitien ;
— 2° et les effets juridiques résultant de la mise en œuvre de la
gratia. Ainsi s'explique le principe de la gratuité du mandat : la
reconnaissance est *amicitiarum et officiorum alterius memoria* et la
volonté de les payer de retour ; or *mandatum nisi gratuitum nul-
lum est : nam originem ex officio atque amicitia trahit*, Paul, *D.*,
17, 1, *Mandati vel contra*, 1, 4; etc.

(2) Paul, *lib. 3 quaestionum*, *D.*, 50, 17, *De diversis regulis
iuris antiqui*, 84, 1 : *Is natura debet*, <*quem iure gentium dare
oportet*>, *cuius fidem secuti sumus*. Il se peut fort bien que le
<*quem iure gentium dare oportet*> soit une addition des com-
pilateurs désireux de faire concorder le *is natura debet* avec la
définition du *ius gentium*, donnée par Ulpien, *D.*, 1, 1, *De iustitia
et iure*, 1, 4 (v. ci-après, p. 78). Le *is natura debet* de Paul est au
surplus conforme à la définition du *ius naturale*, *id quod semper
aequum ac bonum est*, du même Paul, *D.*, 1, 1, *eod. tit.*, 11. — De
même, les choses que quelqu'un a transférées en vue de lui être
rendues, doivent lui être restituées, puisqu'il est de toute vérité

lement la répression de la violation de la parole
donnée ; qui exclut toute *simulatio atque dissimulatio*,
tout dol ; qui est nécessaire pour pouvoir assurer la
société des hommes entre eux, et que pour cette raison
Cicéron appelle le fondement de la justice.

Comme conséquence : à raison même de ces notions
premières, dont une force innée nous a pénétrés et en
considération de ces rapports qu'elles engendrent entre
des êtres différents, à chacun sa dignité, à chacun ce
qui lui revient, disent les Grecs ; à chacun son droit,
cuique suum ius, traduisent les Romains. En vue
d'assurer la fin qui est le bien commun, *bonum,* il
s'agit précisément de maintenir entre ces êtres placés
les uns à l'égard des autres dans des rapports différents
(de par la nature ou à la suite de circonstances qu'ils
ont eux-mêmes provoquées), une égalité proportionnelle, une égalité dans les rapports (1), un rapport
de proportionnalité, ce que les textes appellent

---

que ces choses lui appartiennent ; c'est ce qu'indique Tryphoninus,
lib. 9 disputationum, D., **16**, 3, *Depositi vel contra,* **31**, *pr. : si
tantum naturale et gentium ius intuemur, ei qui dedit restituenda
sunt* (v. ci-après, p. 78, n. 2). C'est ce que répétera, au viie siècle,
Isidore de Séville, *Etymolog.,* 5, 4, 2 : *Ius naturale est... ut...
Item depositae rei vel commodatae restitutio,...* (v. ci-après, p. 84,
n. 1).

(1) Cette égalité fondée sur la proportion, certains philosophes
grecs l'appellent égalité géométrique, ἡ ἰσότης ἡ γεωμετρική. Socrate
déclare, dans le *Gorgias* de Platon, 508 a (Platon, *Œuvres complètes,* 3, 2, éd. A. Croiset et L. Bodin, Collection des Universités
de France, Paris, 1923, p. 198), que l'égalité géométrique est toute-
puissante parmi les dieux comme parmi les hommes : ἡ ἰσότης ἡ
γεωμετρική καὶ ἐν θεοῖς καὶ ἐν ἀνθρώποις μέγα δύναται. Et Socrate rattache sa leçon à l'enseignement des Pythagoriciens. Il est en effet
un ordre et une proportion (τάξις καὶ κόσμος) qu'il s'agit de garder
entre les êtres (*Gorgias,* 507 e, éd. A. Croiset et Bodin, p. 198)
comme parmi les choses (*Gorgias,* 504 a, p. 192). Les sages (les

aequum (1), en proportion de ce qui revient à

Pythagoriciens) affirment, dit Socrate, que le ciel et la terre, les
dieux et les hommes sont liés ensemble par l'amitié, le respect de
l'ordre, la tempérance et la justice, et pour cette raison ils appellent l'univers l'ordre des choses : Φασὶ δ'οἱ σοφοί... καὶ οὐρανὸν καὶ
γῆν καὶ θεοὺς καὶ ἀνθρώπους τὴν κοινωνίαν συνέχειν καὶ φιλίαν καὶ κοσμιότητα
καὶ σωφροσύνην καὶ δικαιότητα, καὶ τὸ ὅλον τοῦτο διὰ ταῦτα κόσμον καλοῦσιν
(*Gorgias*, 508 a, p. 198). D'ailleurs, énonce-t-il, c'est cet ordre et
cette proportion qui constituent notamment la justice : Ταῖς δὲ γε
τῆς ψυχῆς τάξεσιν καὶ κοσμήσεσιν νόμιμόν τε καὶ νόμος, ὅθεν καὶ νόμιμοι
γίγνονται καὶ κόσμιοι · ταῦτα δ'ἔστιν δικαιοσύνη τε καὶ σωφροσύνη (*Gorgias*,
504 d, p. 193). — Isocrate, *Discours aréopagitique*, VII, 21-22,
déclare seule conforme à la justice l'égalité qui punit et récompense
chacun selon ce qui lui revient. Jadis, dit-il, ce qui contribuait le plus
au bien de la cité, c'est que, de deux égalités, l'une qui accorde
sans distinction les mêmes avantages à tous, l'autre qui donne à
chacun ce qui lui revient, les Athéniens n'ignoraient pas quelle
est la plus utile ; ils répudiaient comme contraire à la justice celle
qui reconnaît aux bons et aux méchants les mêmes avantages, ils
donnaient la préférence à l'égalité qui punit et récompense chacun
selon sa dignité : Μέγιστον δ'αὐτοῖς συνεβάλετο πρὸς τὸ καλῶς οἰκεῖν τὴν
πόλιν, ὅτι δυοῖν ἰσοτήτοιν νομιζομέναιν εἶναι, καὶ τῆς μὲν ταὐτὸν ἅπασιν
ἀπονεμούσης, τῆς δὲ τὸ προσῆκον ἑκάστοις, οὐκ ἠγνόουν τὴν χρησιμωτέραν,
ἀλλὰ τὴν μὲν τῶν αὐτῶν ἀξιοῦσαν τοὺς χρηστοὺς καὶ τοὺς πονηροὺς ἀπεδοκί-
μαζον ὡς οὐ δικαίαν οὖσαν, τὴν δὲ κατὰ τὴν ἀξίαν ἕκαστον τιμῶσαν καὶ
κολάζουσαν προῃροῦντο. — V. encore Platon, *Lois*, 6, 757 ; et les développements et observations d'Aristote, *Ethic. Nicom.*, 5, 3 (5) et 4 (7),
en particulier 3 (5), 3 : Εἰ οὖν τὸ ἄδικον ἄνισον, τὸ δίκαιον ἴσον...; 7 : ... τὸ
γὰρ δίκαιον ἐν ταῖς διανομαῖς ὁμολογοῦσι πάντες κατ' ἀξίαν τινὰ δεῖν εἶναι,...;
8 : Ἔστιν ἄρα τὸ δίκαιον ἀνάλογόν τι,...; 12 : ... τὸ δὲ δίκαιον ἀνάλογον.
13. Καλοῦσι δὲ τὴν τοιαύτην ἀναλογίαν γεωμετρικὴν οἱ μαθηματικοί · ἐν γὰρ
τῇ γεωμετρικῇ συμβαίνει καὶ τὸ ὅλον πρὸς τὸ ὅλον ὅπερ ἑκάτερον πρὸς
ἑκάτερον (trad. lat. : *Ius autem proportione constat. Appellantque
mathematici talem proportionem geometricam. In geometrica enim
proportione evenit ut, quomodo utrumque cum utroque, sic totum
cum toto comparetur*); *Magn. Moral.*, 1, 34, 9 s. — Sur ce sens
que les mathématiciens grecs donnaient à l'ἀναλογία, v. Zeuthen,
Histoire des mathématiques dans l'antiquité et le moyen âge, trad.
Mascart, Paris, 1902, p. 122 s. ; P. Tannery, *Mémoires scientifi-
ques*, 1, 1, 1912, p. 286 ; 2, 2, 1912, p. 189.

(1) Est *aequum* ce qui est conforme à ce rapport de proportionna-

chacun (1). Et s'il advient que cette égalité propor-

----

lité. — Cicéron donne par ailleurs au terme *aequitas* toute sa portée dans un passage du *De officiis*, 2, 12, 41 : *Mihi quidem non apud Medos solum, ut ait Herodotus, sed etiam apud maiores nostros iustitiae fruendae causa videntur olim bene morati reges constituti. Nam cum premeretur in otio multitudo ab iis, qui maiores opes habebant, ad unum aliquem confugiebant virtute praestantem, qui cum prohiberet iniuria tenuiores, aequitate constituenda summos cum infimis pari iure retinebat.* « Les Mèdes, selon Hérodote, proclamèrent rois des hommes sages, pour maintenir la justice. Ce fut aussi, dit Cicéron, le but de nos ancêtres. La multitude faible et pauvre, exposée à la tyrannie des plus puissants, dut songer à s'y soustraire, en se mettant sous la protection de quelque homme d'une vertu éminente, qui retînt *aequitate constituenda* grands et petits *pari iure* ». L'*aequitas* est ici réalisation de l *aequum*. Aussi Cicéron, *De officiis*, 2, 12, 42, ajoute-t-il : *Ius enim semper est quaesitum aequabile, neque enim aliter esset ius;* le droit est toujours *aequabile*, car autrement il ne serait pas droit. — Cicéron, *De officiis*, 1, 19, 64, parlant des factieux qui veulent s'élever au-dessus des autres ou commander seuls, déclare qu'il est pour eux difficile de maintenir le rapport de proportionnalité, l'*aequitas :* *difficile autem est, cum praestare omnibus concupieris, servare aequitatem, quae est iustitiae maxime propria.* — Etant donné le sens précis qu'eut de bonne heure le mot *aequitas*, il n'est pas possible d'admettre comme interpolés tous les textes cités par G. Beseler, *Aequitas*, dans *Z. d. Sav.-St.*, 45, 1925, p. 453-455 : il y aurait lieu d'étudier de nouveau ces textes séparément. — Au surplus, il est à remarquer que, dans ce sens, l'*aequitas* ne peut pas se confondre avec τό ἐπιεικἐς, équité, d'Aristote, qui est droit en dehors de la loi écrite (*Rhetor.*, 1, 13, 13 : ἔστι δὲ ἐπιεικὲς παρὰ τὸν γεγραμμένον νόμον δίκαιον), qui est une juste rectification du juste rigoureusement légal (*Eth. Nicom.*, 5, 10, 3 : Τὸ ἐπιεικὲς δίκαιον μὲν ἐστιν, οὐ τὸ κατὰ τὸν νόμον δὲ, ἀλλ' ἐπανόρθωμα νομίμου δικαίου) : sur τό ἐπιεικὲς, v. Burle, *Essai historique sur le développement de la notion de droit naturel dans l'antiquité grecque*, Trévoux, 1908, p. 389.

(1) Cicéron pose à ce sujet la question de la hiérarchie à établir entre les divers *officia* et par conséquent entre les devoirs et les droits de chacun. Au *De officiis*, 1, 45, 160 (*suprà*, p. 26, n. 1), il avait hiérarchisé les *officia* dus aux dieux, à la patrie, aux parents. Dans les *Partitiones oratoriae*, 19, 66, il se demande s'il est *aequum*

tionnelle, cette égalité dans les rapports, ce rapport de proportionnalité, cet *aequum* soient menacés ou rompus, il s'agit encore de les affermir ou de les rétablir (1).

---

de préférer ses amis à ses cognats : *De aequitate autem, ut sitne aequum amicos cognatis anteferre.* Et, en vue d'établir cette hiérarchie des droits, conformément à l'*aequum*, il y a lieu de rechercher non seulement ce qui est *aequum*, mais encore ce qui est *aequius* et même *aequissimum* (*Non enim simpliciter solum quaeritur quid honestum sit,... quid aequum, sed etiam ex comparatione... quid aequius, atque etiam... quid aequissimum*). Cette recherche de l'*aequius* provoque souvent des débats *in iudicium;* cependant, dit Cicéron, c'est là une question qui doit être traitée *ante iudicium* (*Partitiones oratoriae*, 28, 100 : ... *de comparanda aequitate, quod ea fere generis eius sunt ut, quamquam in ipsum iudicium saepe delabantur, tamen ante iudicium tractanda uideantur, paulum ea separo a iudiciis, tempore magis agendi quam dissimilitudine generis*). Et Cicéron explique à cet effet toute sa pensée aux Topiques, quand il déclare que les *privata iudicia* les plus importants lui paraissent reposer sur la prudence des jurisconsultes; ces derniers, ajoute-il, doivent intervenir surtout au sujet de cet *arbitrium rei uxoriae* où se trouvent les mots *aequius melius;* ce sont eux qui ont défini par exemple ce qu'un mari doit à sa femme, ce qu'une femme doit à son mari : *Topic.*, 17, 65, *Priuata enim iudicia maximarum quidem rerum in iurisconsultorum mihi videntur esse prudentia...* 66, ... *inprimisque in arbitrio rei uxoriae, in quo est aequius melius, parati eis esse debent. Illi enim... aequum bonum, ... quid uirum uxori, quid uxorem uiro, tradiderunt.* V. aussi Cicéron, *De offic.*, 3, 15, 61. Cette hiérarchie des droits, conformément à l'*aequum,* est également établie en vue de rendre à chacun son droit, mais seulement *utilitate communi conservata* : ci-après, p. 45, n. 1.

(1) Aussi comprend-on que Cicéron, *Topica*, 22, 81, pose la question de savoir s'il est *aequum* de se venger de quelqu'un dont on a reçu une injustice : *De aequo et iniquo : Aequumne sit ulcisci a quocumque iniurium acceperis?* La question se rattache ainsi à l'étude de l'objet de la *vindicatio*. — Aux *Topica*, 23, 90, Cicéron indique également ce que comporte par nature la mise en œuvre de l'*aequum, l'aequitas,* à savoir l'attribution à chacun de ce qui lui revient et le droit de *vindicatio : Cum autem de aequo et iniquo*

Attribuer à chacun son droit, *cuique suum ius tribuere!* Mais alors une question se pose. De ce qu'il faut maintenir une égalité proportionnelle entre des êtres placés dans des rapports différents, n'y aurait-il donc que des droits particuliers? Le jurisconsulte Paul répond à la question au fr. 11, au titre *De iustitia et iure*, en précisant qu'il existe toujours une commune mesure à tous les droits particuliers. Cette commune mesure n'est d'ailleurs que ce rapport de proportionnalité lui-même qui doit être toujours assuré entre des êtres déterminés et qui règle toujours de la même façon, dans des cas identiques (1), leurs rapports particuliers : c'est encore l'*aequum* (2) en vue d'assurer le bien. Cet

---

disseritur, aequitatis loci conligentur. Hi cernuntur bipertito, et natura et instituto. Natura partes habet duas, tributionem sui cuique et ulciscendi ius. — Au *De officiis*, 1, 7, 21, Cicéron déclare que celui qui usurpe sur autrui, viole le *ius humanae societatis : Ex quo, quia suum cuiusque fit eorum, quae natura fuerant communia, quod cuique optigit, id quisque teneat; e quo si quis <quaevis> sibi appetet, violabit ius humanae societatis.* — Le jurisconsulte Pomponius, *lib.* 21 *ad Sabinum, D.,* 12, 6, *De condictione indebiti,* 14, dira : *Nam hoc natura aequum est neminem cum alterius detrimento fieri locupletiorem.* Et il répétera, au *lib.* 9 *ex variis lectionibus, D.,* 50, **17,** *De div. reg. iuris antiqui,* 206 : *Iure naturae aequum est neminem cum alterius detrimento et iniuria fieri locupletiorem.*

(1) Cicéron, *Topic.,* 4, 23 : *Valeat aequitas, quae paribus in causis paria iura desiderat.* Le terme *par,* dont le sens est très différent de celui d'*aequum,* signifie identique : *De inventione,* 2, 22, 54, *par id est quod in omnibus aequabile est.* V. encore Cicéron, *De re publ.,* 3, 32 : ... *iura certe paria debent esse eorum inter se, qui sunt cives in eadem re publica.*

(2) La relation du *ius* avec l'*aequum* se trouve déjà affirmée dans les œuvres d'Ennius, *Q. Enni carminum reliquiae,* éd. Mueller, 1884, *Fabulae,* p. 104, 18, v. 146 : *mélius est virtúte ius. nam saépe virtutém mali — nánciscuntur, iús atque aecum se á malis spernit*

éternel *aequum et bonum* à mettre en œuvre, c'est le droit, qui domine et règle les droits de chacun, qui domine et règle le *suum ius : id quod semper aequum ac bonum est*, dit Paul, *ius dicitur* (1). Tel est le droit, qui trouve son application dans les droits particuliers de chacun.

Ce n'est que par une extension du sens de *ius*, signifiant l'éternel *aequum et bonum*; ce n'est que par la préoccupation, si naturelle au jurisconsulte, d'assurer sa mise en œuvre que le terme *ius* sert encore à désigner pour le jurisconsulte Celse la mise en œuvre elle-même de cet *aequum et bonum* : *ius est ars boni et aequi* (2).

Car il ne suffit pas d'en connaître, ni d'en disserter. Il faut encore attribuer à chacun son droit : et nous revenons ainsi à l'œuvre propre de la justice. La vertu de justice, vertu active, à la fois science et art, supposant la connaissance de l'*aequum et bonum* et réclamant sa mise en œuvre (3), est, par l'un de ses

---

procul; p. 112, v. 226 : *id ego aécum ac ius fuisse éxpedibo adque éloquar;* v. 228 : *Aréopagitae quód dedere aequóm puta.*

(1) Paul, *lib. 14 ad Sabinum, D.,* 1, 1, *De iustitia et iure,* 11 : *Ius pluribus modis dicitur : uno modo, cum id quod semper aequum ac bonum est ius dicitur, ut est ius naturale...*

(2) Ulpien, *lib. 1 institutionum, D.,* 1, 1, *De iustitia et iure,* 1, *pr. : ... nam, ut eleganter Celsus definit, ius est ars boni et aequi.* V. aussi *Ad C. Herennium lib. 2, cap. 13, § 20 : ... Ex aequo et bono ius constat, quod ad veritatem <et utilitatem> communem videtur pertinere, quod genus ut maior annis LX et cui morbus causa est, cognitorem det.*

(3) *Ad C. Herennium lib. 3, cap. 2, § 3* (éd. F. Marx, Leipzig, Teubner, 1894) : *Iustitia est aequitas ius uni cuique re tribuens pro dignitate cuiusque;* — Cicéron, *De officiis,* 1, 19, 64 : *Difficile autem est, cum praestare omnibus concupieris, servare aequitatem, quae est iustitiae maxime propria.*

aspects, volonté d'attribuer à chacun son droit (1).

------

(1) Suivant l'objet du droit, Platon distinguait la justice envers les dieux, celle envers les hommes, celle envers les morts. C'est ce que rapporte Diogène Laerce, 3, Πλάτων, 83, éd. Cobet-Didot, p. 86 : Τῆς δὲ δικαιοσύνης ἐστὶν εἴδη τρία · ἡ μὲν γὰρ αὐτῆς ἐστι περὶ θεούς, ἡ δὲ περὶ ἀνθρώπους, ἡ δὲ περὶ τοὺς ἀποιχομένους · οἱ μὲν γὰρ θύοντες κατὰ νόμους καὶ τῶν ἱερῶν ἐπιμελούμενοι δῆλον ὅτι περὶ θεοὺς εὐσεβοῦσιν · οἱ δὲ δάνεια ἀποδιδόντες καὶ παρακαταθήκας δικαιοπραγοῦσι περὶ ἀνθρώπους · οἱ δὲ τῶν μνημείων ἐπιμελούμενοι δῆλον ὅτι περὶ τοὺς ἀποιχομένους. τῆς ἄρα δικαιοσύνης ἡ μὲν πρὸς τοὺς θεούς ἐστιν, ἡ δὲ πρὸς ἀνθρώπους, ἡ δὲ περὶ τοὺς ἀποιχομένους (trad. lat. : *Iustitiae tria sunt genera : aliud circa deos, alterum circa homines, tertium circa defunctos versari. Nam et qui sacra secundum leges faciunt sacrarumque rerum curam habent, religiosi in deos ac pii sunt : qui vero mutua depositaque restituunt, iusti erga homines sunt; qui autem monumenta curant, iusti sunt erga defunctos. Iustitia igitur alia erga deos est, alia erga homines, alia erga defunctos.* V. encore parmi les œuvres de Platon, *Gorgias*, 507 a et b (Platon, *Œuvres complètes*, 3, 2, éd. A. Croiset-Bodin, p. 197) et Euthyphron, 12 e (*op. cit.*, 1, éd. M. Croiset, p. 200). Dans Euthyphron, *loc. cit.*, il est dit qu'une partie du droit concerne les dieux, que l'autre partie concerne les hommes : τὸ μέρος τοῦ δικαίου εἶναι εὐσεβές τε καὶ ὅσιον, τὸ περὶ τὴν τῶν θεῶν θεραπείαν · τὸ δὲ περὶ τὴν τῶν ἀνθρώπων τὸ λοιπὸν εἶναι τοῦ δικαίου μέρος. Cependant il faut noter que dans *Gorgias, loc. cit.*, Socrate emploie le mot justice, τὰ δίκαια, quand il s'agit de rapports avec les hommes, et le mot piété, ὅσια, quand il s'agit de rapports avec les dieux : καὶ μὴν περὶ μὲν ἀνθρώπους τὰ προσήκοντα πράττων δίκαι᾽ ἂν πράττοι, περὶ δὲ θεοὺς ὅσια · τὸν δὲ τὰ δίκαια καὶ ὅσια πράττοντα ἀνάγκη δίκαιον καὶ ὅσιον εἶναι. Nous retrouvons cette distinction dans un passage d'ailleurs incertain des Topiques de Cicéron (*Topica*, 23, 90 *in fine*), et dans un passage souvent cité des *Commentarii Aeneidos librorum* de Servius, 1, 545, que les éditeurs Thilo et Hagen (*Servii grammatici qui feruntur in Vergilii carmina commentarii*, 1, Leipzig, 1881, p. 167) ne présentent que comme une addition d'auteurs du xve siècle, à savoir *pietas enim in deos, iustitia in homines*. On pourrait se demander si ces textes de Cicéron et de Servius n'ont pas été corrompus par des éditeurs influencés par les distinctions faites par certains écrivains ecclésiastiques (v. ci-après, p. 51). En tout cas, nous trouvons rapporté dans les *Définitions*, Ὅροι, de Platon, 412 e, qu'Εὐσέβεια δικαιοσύνη

Il faut toutefois noter que le droit, *ius,* dont il est ici question, est le droit tel qu'il provient de la nature, le *ius natura,* parfois appelé par le jurisconsulte *ius naturale* (1), droit naturel, d'autres fois appelé *ius gentium* (2). Ce droit, l'éternel *aequum et bonum,* et les droits particuliers qui en sont des applications existent, parce que ces notions premières, dont une force innée nous a pénétrés, existent. Est-ce à dire que ces droits particuliers qui résultent de la nature et assurent la mise en œuvre de ces notions premières, sont toujours déduits en législation ? Ils ne sont qu'en partie déduits en coutume, dit Cicéron reprenant l'enseignement du stoïcien grec : *quaedam in consuetudinem ex utilitatis ratione venerunt.* Toute législation prospérera donc, se fera meilleure en réalisant une mise en œuvre toujours plus complète et plus exacte de ces notions (3). Quant à la sanction des droits particuliers

---

περὶ θεούς, que *pietas* est justice envers les dieux; et dans Servius, *op. cit.,* 1, p. 167, *Comm. in Verg. Aen.,* 1, 545, que *multum interest inter iustitiam et pietatem ; nam pietas pars iustitiae est, sicut severitas* [avec le sens de *vindicatio*]. *nunc ergo hoc dicit, qua parte sit iustus, id est pietate.*

(1) *Ius natura : Ad C. Herennium lib.* 2, *cap.* 13, § 19; Cicéron, *De inventione,* 2, 53, 161; Modestin, *lib. 4 excusationum,* D., 27, 1, *De excusat.,* 13, 7 (ἐξ αὐτοῦ τοῦ φύσει δικαίου). *Ius naturale :* notamment Cicéron, *De re publica,* 3, 11, 18 (v. ci-après, p. 76, n. 2); Paul, *lib. 14 ad Sabinum,* D., 1, 1, *De iustitia et iure,* 11.

(2) Ulpien, *lib. 1 institutionum,* D., 1, 1, *De iustitia et iure,* 1, 4. V. ci-après, p. 78, n. 1 et 2.

(3) A plus forte raison, les législations positives ne doivent-elles pas aller à l'encontre de ces données de vie et de ces notions premières (v. ci-après, p. 75), qui constituent le *ius natura.* Si elles édictent des dispositions contraires à ce *ius natura* non écrit, il y a conflit. C'est ce conflit entre les lois écrites et les préceptes non écrits qu'indique l'*Antigone* de Sophocle, v. 450 s. Créon a

qui, résultant de l'application de ces notions, sont déduits en législation, elle sera assurée, ajoute le jurisconsulte (1), tantôt par la religion, tantôt par la crainte des lois.

En tout cas, la vertu de justice, volonté d'attribuer à chacun son droit, devra être cultivée par quiconque, légis-

---

promulgué un édit interdisant de donner la sépulture au cadavre du frère d'Antigone. Et celle-ci, qui a enfreint l'édit, de s'écrier : « Je ne croyais pas que ton édit eût assez de force pour donner à un être mortel le pouvoir d'enfreindre les préceptes divins, qui n'ont jamais été écrits et qui sont immuables : ce n'est pas d'aujourd'hui ni d'hier qu'ils existent ; ils sont éternels et personne ne sait à quel passé ils remontent ».

οὐδὲ σθένειν τοσοῦτον ᾠόμην τὰ σὰ
κηρύγμαθ' ὥστ ' ἄγραπτα κἀσφαλῆ θεῶν
νόμιμα δύνασθαι θνητόν ὄνθ ' ὑπερδραμεῖν.
Οὐ γάρ τι νῦν γε κἀχθὲς, ἀλλ' ἀεί ποτε
ζῇ ταῦτα, κοὐδεὶς οἶδεν ἐξ ὅτου ' φάνη.

C'est que l'édit de Créon est ici contraire au précepte de *pietas* envers les morts de la famille et les dieux infernaux. Hémon le rappelle à son père, qui lui reproche d'entrer en conflit avec lui, quand il lui répond : « parce que je te vois violer le droit » (v. 743 : οὐ γὰρ δίκαιά σ'ἐξαμαρτάνονθ ' ὁρῶ); et il précise quel est le précepte du *ius natura* violé par Créon en évoquant l'outrage fait aux dieux infernaux (v. 745, 749). Antigone est atteinte injustement à raison de sa *pietas*, εὐσέβεια (v. 924).

(1) Cicéron, *De inventione*, 2, 53, 160 : ... *Ejus (iustitiae) est ab natura profectum; deinde quaedam in consuetudinem ex utilitatis ratione venerunt; postea res et ab natura profectas et ab consuetudine probatas legum metus et religio sanxit...; — De re publica, 2, 2 : ... nihil enim dicitur a philosophis, quod quidem recte honesteque dicatur, quod <non> ab iis partum confirmatumque sit, a quibus civilatibus iura discripta sunt . unde enim pietas aut a quibus religio ? unde ius aut gentium aut hoc ipsum civile quod dicitur ? unde iustilia fides aequitas ?... nempe ab iis qui haec disciplinis informata alia moribus confirmarunt, sanxerunt autem alia legibus.*

lateur (1), jurisconsulte, magistrat, simple particulier, voudra, dans sa sphère d'action, aider au triomphe de l'éternel *aequum et bonum* (2). Entendons notamment Ulpien, au livre 1 de ses *Institutiones* (3), faire de l'éducation et de la pratique de cette vertu de justice un devoir pour le jurisconsulte : *iustitiam colimus,* dit-il, nous cultivons la justice ; *boni et aequi notitiam profitemur,* nous professons la connaissance de l'*aequum et bonum*, séparant l'*aequum* (4) de ce qui en est le contraire.

---

(1) V. les textes rassemblés par Arnim, *Stoicorum veterum fragmenta*, 3, p. 157, sous le § 7, *sapiens res politicas et oeconomicas callet.*

(2) Nous retrouvons l'expression lointaine de la même idée au début du Prologue de la loi de Hammourabi, roi de Babylone vers 2.000 av. J.-C. (*La loi de Hammourabi*, éd. V. Scheil, 3ᵉ éd., Paris, 1906, traduction littérale) : « Lorsque le dieu suprême, roi des Anounnakis, et Bêl, Seigneur des cieux et de la terre qui fixe les destins de l'univers eurent attribué à Mardouk fils aîné de Ea, la souveraineté sur l'ensemble des hommes, ... alors El et Bêl m'appelèrent par mon nom, moi Hammourabi, insigne prince, craignant les dieux, pour promouvoir le bien des hommes, pour faire valoir le droit dans ce pays, pour exterminer le pervers et le méchant, pour empêcher le puissant de nuire au faible,... ».

(3) Ulpien, *lib. 1 institutionum, D.*, 1, 1, *De iustitia et iure*, 1, 1 : *Cuius merito quis nos sacerdotes appellet* (v. Senn, *Les origines de la notion de jurisprudence*, p. 35, n. 1) : *iustitiam namque colimus et boni et aequi notitiam profitemur, aequum ab iniquo separantes,...* Il n'est aucune raison, en ce qui concerne du moins le passage ici transcrit, de le déclarer, comme le fait Beseler, *Beiträge zur Kritik der römischen Rechtsquellen*, 4, 1920, p. 233, suspect d'interpolation et de ne le considérer que comme un reflet de la pensée des Pères de l'Eglise.

(4) La notion est courante dès la fin de la République, au témoignage même de Cicéron, *De finibus bonorum et malorum*, 2, 23, 76 : *At vero illa, quae Peripatetici, quae Stoici dicunt, semper tibi in ore sunt in iudiciis, in senatu officium, aequitatem, dignitatem, fidem, recta, honesta... haec cum loqueris...* 2, 24, 77 : *Vide igitur ne non debeas verbis nostris uti, sententiis tuis.*

III

De deux observations complétaires : 1° la justice est l'une
des quatre vertus principales qui constituent l'*honestum* :
explication du fragment d'Ulpien, *D.*, 1, 1, *De iustitia et
iure*, 10, 1 ; — 2° la justice attribue à chacun ce qui lui
revient, *utilitate communi conservata* (Cicéron) : explication de cette addition et ses applications pratiques.
Des destinées de la définition, reproduite par Ulpien, de la
justice.

Nous en aurions fini avec l'étude de la définition de
la justice, telle qu'elle est reproduite par Ulpien, s'il
n'était utile de joindre aux développements qui précèdent, deux observations qui permettent, l'une de
situer la vertu de justice parmi les autres vertus, l'autre
de compléter la définition rapportée par le jurisconsulte romain.

D'une part, la vertu de justice est, dit le stoïcien,
l'une des quatre vertus principales : les trois autres
étant la prudence, la tempérance et la force (1). Toutes

___

(1) Ἐκ τῆς Διδύμου Ἐπιτομῆς, 5, Ζήνωνος καὶ τῶν λοιπῶν Στωικῶν
δόγματα..., 5 b 2 (Stobée, éd. Wachsmuth, 2, *cap.* 7, p. 60 ; *Fragm.
phil. graec.*, éd. Müllach, 2, p. 64) : Τῶν δ'ἀρετῶν τὰς μὲς εἶναι πρώτας,
τὰς δὲ ταῖς πρώταις ὑποτεταγμένας · πρώτας δὲ τέτταρας εἶναι, φρόνησιν,
σωφροσύνην, ἀνδρείαν, δικαιοσύνην... τὴν δὲ δικαιοσύνην περὶ τὰς ἀπονεμήσεις.
Τῶν δὲ ὑποτεταγμένων ταῖς ἀρεταῖς ταύταις τὰς μὲν τῇ φρονήσει ὑποτετάχθαι,
τὰς δὲ τῇ σωφροσύνῃ, τὰς δὲ τῇ ἀνδρείᾳ, τὰς δὲ τῇ δικαιοσύνῃ... τῇ δὲ
δικαιοσύνῃ εὐσέβειαν, χρηστότητα, εὐκοινωνησίαν, εὐσυναλλαξίαν... (Stobée,
éd. Wachsmuth, 2, 7, p. 62 ; *Fragm. phil. graec.*, 2, p. 65) εὐσέβειαν
δὲ ἐπιστήμην θεῶν θεραπείας · χρηστότητα δὲ ἐπιστήμην εὐποιητικήν ·
εὐκοινωνησίαν δὲ ἐπιστήμην ἰσότητος ἐν κοινωνίᾳ · εὐσυναλλαξίαν δὲ ἐπιστήμην
τοῦ συναλλάττειν ἀμέμπτως τοῖς πλησίον. 5 b 3. Πασῶν δε τούτων τῶν
ἀρετῶν τὸ τέλος εἶναι τὸ ἀκολούθως τῇ φύσει ζῆν (trad. lat. de l'éditeur :
Virtutes alias primas ponunt, alias primis subjectas. Primas qui-

quatre, avec les vertus qui en dérivent, constituent τὸ καλόν, dit le Grec (1), l'*honestum*, traduisent les Romains (2). Elles ont, disent les uns et les autres, des préceptes communs, tout en différant par leur caractère propre (3). C'est pourquoi, nous souvenant que

---

dem quatuor, prudentiam, temperantiam, fortitudinem, iustitiam... iustitiam circa distributiones. Subjectarum vero hisce virtutibus alias subjectas esse prudentiae, alias temperantiae, alias fortitudini, alias iustitiae... iustitiae denique pietatem, integritatem, affabilitatem, comitatem... Denique pietatem, scientiam cultus deorum ; integritatem, scientiam recte faciendi ; affabilitatem, scientiam aequitatis in vitae 'societate ; comitatem, scientiam bene cum aliis contrahendi. Atque harum virtutum omnium finem esse naturae convenienter vivere). — V. aussi le Livre de *la Sagesse* (qui semble avoir été écrit en Egypte, probablement à Alexandrie, peut-être de 150 à 130 environ av. J.-C.), VIII, 7 : « La sagesse enseigne la tempérance et la prudence, la justice et la force, choses qui sont les plus utiles à l'homme dans la vie. » (*La Sainte Bible*, trad. Glaire et Vigouroux, *Ancien Testament*, 3, 1917, p. 716).

(1) Diogène Laerce, VII, 1, Ζήνων (exposé de la doctrine stoïcienne), 100, éd. Cobet-Didot, p. 180 : καλὸν δὲ λέγουσι τὸ τέλειον ἀγαθὸν παρὰ τὸ πάντας ἀπέχειν τοὺς ἐπιζητουμένους ἀριθμοὺς ὑπὸ τῆς φύσεως ἢ τὸ τελέως σύμμετρον. εἴδη δ'εἶναι τοῦ καλοῦ τέτταρα, δίκαιον, ἀνδρεῖον, κόσμιον, ἐπιστημονικόν · ἐν γὰρ τοῖσδε τὰς καλὰς πράξεις συντελεῖσθαι... (trad. lat. : *honestum autem dicunt quod sit perfectum bonum, quod omnes a natura habeat quaesitos numeros sive perfecte moderatum. Eius quattuor species tradunt : iustitiam, fortitudinem, temperantiam, scientiam aut prudentiam : nam intra has honestas actiones consummari*); 101, p. 181 : λέγουσι δὲ μόνον τὸ καλὸν ἀγαθὸν εἶναι, καθά φησιν Ἑκάτων ἐν τῷ τρίτῳ περὶ ἀγαθῶν καὶ Χρύσιππος ἐν τοῖς περὶ τοῦ καλοῦ · ... τὸ πᾶν ἀγαθὸν καλὸν εἶναι... ἐπεὶ γάρ ἐστιν ἀγαθόν, καλόν ἐστιν ·...; 102, p. 181 : ἀγαθά μὲν οὖν τάς τ'ἀρετάς, φρόνησιν, δικαιοσύνην, ἀνδρείαν, σωφροσύνην καὶ τὰ λοιπά.

(2) Cicéron, *De officiis*, 1, 5, 15, déclare que l'*honestum* a sa source dans quelqu'une des quatre parties, prudence, justice, force et tempérance (... *omne, quod est honestum, in quattuor partium oritur ex aliqua*); et décrivant la justice et son œuvre, il ajoute : *aut in hominum societate tuenda tribuendoque suum cuique et rerum contractarum fide.*

(3) Ἐκ τῆς Διδύμου Ἐπιτομῆς, 5, Ζήνωνος καὶ τῶν λοιπῶν Στωικῶν

fréquemment une définition se caractérise d'abord par l'énoncé du domaine plus vaste auquel l'objet à définir appartient pour aboutir à l'énoncé du domaine propre de cet objet (1), nous ne pouvons plus nous étonner de ce qu'Ulpien rapporte des *praecepta iuris* (2).

Les préceptes du droit sont les suivants : *honeste vivere*, vivre bien, vivre selon la nature, vivre selon la morale (3) ; sans aucun doute, puisque la justice qui le

---

δόγματα..., 5 b 5 (Stobée, éd. Wachsmuth, 2, *cap*. 7, p. 63 ; *Fragm. phil. graec.*, éd. Müllach, 2, p. 65) : Πάσας δὲ τὰς ἀρετάς, ὅσαι ἐπιστῆμαί εἰσι καὶ τέχναι, κοινά τε θεωρήματα ἔχειν καὶ τέλος, ὡς εἴρηται, τὸ αὐτό, διὸ καὶ ἀχωρίστους εἶναι... Διαφέρειν δ'ἀλλήλων τοῖς κεφαλαίοις (trad. lat. : *Omnes virtutes, quaecumque scientiae sint et artes, praecepta habere communia et finem, ut dictum est, eundem, ideoque inseparabiles esse,... Veruntamen et capitibus inter se differre*). Suivent les définitions particulières de la prudence, de la tempérance, de la force et de la justice.

(1) *Speusippi Fragmenta*, dans *Fragm. phil. graec.*, éd. Müllach, 3, p. 79, n° 104 : Ὅρος λόγος ἐκ διαφορᾶς καὶ γένους συμκείμενος (trad. lat. : *definitio est sermo ex genere et differentia compositus*). Sur la définition et ses différents caractères, cf. Senn, *Les origines de la notion de jurisprudence*, p. 26, n. 2.

(2) Ulpien, *libro primo regularum*, *D.*, 1, 1, *de iustitia et iure*, 10, 1 : *Iuris praecepta sunt haec : honeste vivere, alterum non laedere, suum cuique tribuere.*

(3) L'explication de l'*honeste vivere*, τὸ καλῶς ζῆν, est donnée avec la plus grande précision par les Stoïciens. V. notamment l''Εκ τῆς Διδύμου 'Επιτομῆς, 5, Ζήνωνος καὶ τῶν λοιπῶν Στωικῶν δόγματα περὶ τοῦ ἠθικοῦ μέρους τῆς φιλοσοφίας, 6 e (Stobée, éd. Wachsmuth, 2, *cap*. 7, p. 78 ; *Fragm. phil. graec.*, éd. Müllach, 2, p. 70) : Δῆλον οὖν ἐκ τούτων, ὅτι ἰσοδυναμεῖ 'τὸ κατὰ φύσιν ζῆν' καὶ 'τὸ καλῶς ζῆν 'καὶ 'τὸ εὖ ζῆν' καὶ πάλιν 'τὸ καλὸν κἀγαθόν' καὶ 'ἡ ἀρετὴ καὶ τὸ μέτοχον ἀρετῆς'· καὶ ὅτι πᾶν ἀγαθὸν καλόν, ὁμοίως δὲ καὶ πᾶν αἰσχρὸν κακόν · δι' ὃ καὶ τὸ Στωικὸν τέλος ἴσον δύνασθαι τῷ κατ ' ἀρετην βίῳ (trad. lat. : *Ex his* [*Zeno, Cleanthes, Chrysippus eorumque omnes successores*] *igitur manifesto apparet, verba idem declarantia esse, secundum naturam vivere, honeste vivere et recte vivere, atque omne honestum et bonum omnemque virtutem et quod particeps est virtutis : ac*

met en œuvre est précisément une des parties de l'*honestum* (1); — *allerum non laedere,* ne pas nuire à autrui,

———————————

*bonum omne honestum esse et malum turpe; ideoque finem etiam
Stoicum idem valere quod vitae degendae rationem ad virtutis
normam directam).* — De même façon, Diogène Laerce, dans son
exposé de la doctrine stoïcienne, VII, 1, Ζήνων, 86-89, éd. Cobet-
Didot, p. 177-178, précise l'enseignement des Stoïciens : d'après
eux, dit-il, pour les êtres intelligents auxquels la nature a départi
la raison, bien vivre, vivre selon la raison, c'est encore vivre selon
la nature (86,... τό κατὰ λόγον ζῆν ὀρθῶς γίνεσθαι αὐτοῖς τὸ κατὰ φύσιν);
c'est ce que déclarent, avec des variantes, Zénon dans son traité
De la nature humaine, Περὶ ἀνθρώπου φύσεως, Cléanthe dans celui
Du plaisir, Περὶ ἡδονῆς, Chrysippe, Posidonius et Hécaton dans
leurs traités *Des fins,* Περὶ τελῶν; d'ailleurs, vivre selon la nature,
c'est encore vivre selon la vertu (87,... τὸ ὁμολογουμένως τῇ φύσει ζῆν,
ὅπερ ἐστὶ κατ' ἀρετὴν ζῆν). Cf. Bréhier, *Chrysippe,* Paris, Alcan, 1910,
p. 223-224.

(1) Les rapports de la justice avec l'*honestum* sont rappelés en
un développement détaillé par Cicéron, *De finibus,* 5, 23, 64-67.
Toutes les vertus, et cet *honestum* qui résulte de ces vertus, doivent
être recherchés, dit-il, pour eux-mêmes. **Or**, au sujet de cet *honestum,* on peut dire que, pour en pénétrer le sens, il est de toute
importance de se souvenir de l'union qui existe entre les hommes,
de cette sorte de société et de communication des avantages, de
l'amour du genre humain. Cette union naît d'abord de la génération
qui fait que les pères aiment leurs enfants; elle embrasse ensuite
toute la *domus* par les liens du mariage et du sang ; puis elle s'étend
hors la *domus* par la cognation, par l'alliance, par les amitiés, par
les relations de voisinage; elle s'étend encore aux citoyens entre
eux, puis aux alliés, enfin à toute la nation humaine. Étant donnée
cette union, la disposition de l'âme, qui attribue à chacun le
sien et qui maintient par l'observance de l'*aequum* la société des
hommes, est dite justice; à la justice sont d'ailleurs jointes d'autres
vertus, telles que notamment la *pietas,* la *bonitas,* la *liberalitas,* la
benignitas. Mais tout ceci n'est pas tellement propre à la justice
que ce ne soit également commun à d'autres vertus. En effet,
toute vertu contribuant à assurer la communauté et la société des
hommes, il s'ensuit qu'en fait la justice recherche toutes les autres
vertus : la justice ne peut être observée que par un homme fort,
que par le sage. Or, tout cet accord, tout ce concours des vertus,

écho de l'enseignement stoïcien proclamant que la justice est une vertu tout entière relative à autrui (1); —

tel est précisément l'*honestum*. Il est vrai que cette union et cette
connexité des vertus n'empêchent pas les philosophes de distinguer
les vertus, leur assignant à chacune sa fonction particulière. C'est
ainsi qu'ils distinguent la force, la tempérance, la prudence et la
justice qui attribue à chacun le sien (5, 23, 64 : ... *et virtutes
omnes et honestum illud, quod ex iis moritur et in illis haeret,
per se esse expetendum. 65. In omni autem honesto, de quo loqui-
mur, nihil est tam illustre nec quod latius pateat quam coniunctio
inter homines hominum et quasi quaedam societas et communicatio
utilitatum et ipsa caritas generis humani...; quae animi affectio
suum cuique tribuens atque hanc, quam dico, societatem coniunctionis humanae munifice et aeque tuens iustitia dicitur, cui sunt
adiunctae pietas, bonitas, liberalitas, benignitas, comitas, quaeque
sunt generis eiusdem. Atque haec ita iustitiae propria sunt, ut sint
virtutum reliquarum communia. 66. Nam... quicquid aget quaeque
virtus, id a communitate et ea, quam exposui, caritate ac societate
humana non abhorrebit, vicissimque iustitia, ut ipsa fundet se usu
in ceteras virtutes, sic illas expetet. Servari enim iustitia nisi a
forti viro, nisi a sapiente non potest. Qualis est igitur omnis haec,
quam dico, conspiratio consensusque virtutum, tale est illud ipsum
honestum, quandoquidem honestum aut ipsa virtus est aut res
gesta virtute; quibus rebus vita consentiens virtutibusque respon-
dens recta et honesta et constans et naturae congruens existimari
potest. 67. Atque haec coniunctio confusioque virtutum tamen a
philosophis ratione quadam distinguitur. Nam cum ita copulatae
conexaeque sint, ut omnes omnium participes sint nec alia ab alia
possit separari, tamen proprium suum cuiusque munus est, ut
fortitudo..., temperantia..., prudentia..., iustitia in suo cuique
tribuendo*).
(1) Aristote pose de son côté la question de savoir s'il est possible
de dire que quelqu'un peut se faire injustice à lui-même, *Ethic.
Nicom.*, 5, 11 (15), 1 : Πότερον δ'ἐνδέχεται ἑαυτὸν ἀδικεῖν ἢ οὔ, φανερὸν
ἐκ τῶν εἰρημένων. Et, après d'assez longs développements, il conclut
qu'on ne peut s'exprimer ainsi que par métaphore, 5, 11 (15), 9 :
Κατὰ μεταφορὰν δὲ καὶ ὁμοιότητά ἐστιν οὐκ αὐτῷ πρὸς αὐτον δίκαιον ἀλλὰ
ῶν αὐτοῦ τισίν, οὐ πᾶν δὲ δίκαιον ἀλλὰ τὸ δεσποτικὸν ἢ τὸ οἰκονομικόν. —
Chrysippe, dans les livres contre Platon sur la justice (ἐν τοῖς πρός
αὐτὸν Πλάτωνα περὶ δικαιοσύνης : Plutarque, *De Stoic. repugn.*, 15,

suum cuique tribuere, domaine propre de la mise en œuvre du *ius.*

D'autre part, la définition de la justice rapportée par Ulpien pourrait emprunter, pour être complète, une remarquable addition, qui se trouve dans la définition de la justice rapportée par Cicéron : *utilitate communi conservata* (1). La justice est vertu qui attribue à chacun sa dignité, à chacun son droit, toutefois sans qu'atteinte soit portée à l'utilité commune (2).

C'est là une limitation, non pas seulement demeurée théorique (3), mais dont nous trouvons à plusieurs

-----

1040), déclarait qu'il est absurde de dire qu'il y a injustice envers soi-même; qu'on est injuste envers un autre, non envers soi (Plutarque, *op. cit.,* 16, 1041 b : ... ἐγκαλῶν Χρύσιππος, « ἀτόπως, φησὶ, λέγεσθαι τὸ ἀδικεῖν ἑαυτόν · εἶναι γὰρ πρὸς ἕτερον, οὐ πρὸς ἑαυτόν, τὴν ἀδικίαν).

(1) Cicéron, *De inventione,* 2, 53, 160. — Sur l'influence que la doctrine aristotélicienne aurait peut-être eue en ce qui concerne la rédaction de cette formule, cf. C. Atzert, dans son édition du *De officiis,* Teubner, 1923, *Praefatio,* p. xix, n. 2 et 3.

(2) Cicéron, *De officiis,* 1, 10, 31 : *Sed incidunt saepe tempora, cum ea, quae maxime videntur digna esse iusto homine, eoque quem virum bonum dicimus, commutantur fiuntque contraria, ut reddere depositum, facere promissum quaeque pertinent ad veritatem et ad fidem ; ea migrare interdum et non servare fit iustum. Referri enim decet ad ea, quae posui principio fundamenta iustitiae, primum ut ne cui noceatur, deinde ut communi utilitati serviatur. Ea cum tempore commutantur, commutatur officium et non semper est idem. Potest enim accidere promissum aliquod et conventum, ut id effici sit inutile vel ei, cui promissum sit, vel ei, qui promiserit.*

(3) Un exemple d'école est donné par Cicéron, *De officiis,* 3, 25, 95. Si quelqu'un, dit-il, a déposé chez vous une somme d'argent et qu'ensuite il fasse la guerre à la patrie, devez-vous lui rendre ce dépôt? Je ne le crois pas, déclare Cicéron : car vous agiriez alors contre la chose publique, qui doit vous être plus chère que tout au monde. Et c'est ainsi que beaucoup de choses, qui paraissent

reprises des applications tant dans la pratique de la législation grecque que dans la pratique de la législation romaine (1). Au surplus, pareille limitation ne pouvait

---

par nature honnêtes, cessent de l'être par les circonstances ; remplir une promesse, tenir une convention, rendre des choses déposées sont autant de choses qui ne sont plus honnêtes lorsque l'utilité en est changée (*Quid? si is, qui apud te pecuniam deposuerit, bellum inferat patriae, reddasne depositum ? Non credo, facies enim contra rem publicam, quae debet esse carissima. Sic multa, quae honesta natura videntur esse, temporibus fiunt non honesta. Facere promissa, stare conventis, reddere deposita commutata utilitate fiunt non honesta*).

(1) Entre autres sources, la loi des XII Tables, les fragments des jurisconsultes ou les constitutions impériales font plusieurs fois l'application de cette même donnée commune. Bien avant l'énoncé théorique de cette limitation par les Romains, nous en trouvons des applications par exemple dans les dispositions des XII Tables, restreignant les droits du propriétaire de la pièce de bois qui a été employée dans l'édifice d'autrui et ceux du propriétaire des échalas ou perches employés dans le vignoble d'autrui. Car il ne faut pas détruire des constructions ni troubler la culture de la vigne. Le propriétaire de la pièce de bois unie aux maisons ou des échalas et perches ne peut pas les en détacher. Il en demeure propriétaire ; mais son action en revendication, suspendue, ne pourra pas en principe être intentée tant que les matériaux demeureront unis à la maison ou à la vigne ; il n'aura dans certains cas que l'action *de tigno iuncto* et l'action *ad exhibendum* accordée à titre pénal (Karlowa, *Röm. Rechtsgeschichte*, Leipzig, 1901, p. 438 ; Monier, *Le tignum iunctum*, Paris, 1922, p. 110 s.). Festus, *v*^{is} *Tignum non solum in aedificiis, quo utuntur, appellatur, sed etiam in vineis, ut est in XII : « Tignum iunctum aedibus vineave, et concapit ne solvito » ; Sarpiuntur vineae, id est, putantur, ut in XII : « Quandoque sarpta, donec dempta erunt »* (Loi des XII Tables restituée, 6, 7. 8. 9 : Girard, *Textes de droit romain*, 5e éd., p. 16). V. aussi Ulpien, *l. 37 ad edictum*, D., 47, 3, *De tigno iuncto*, 1, *pr.* — Nous pouvons encore citer, à titre d'exemple, le fait que le soldat peut, sauf au cas de délit, invoquer le bénéfice de compétence à l'encontre de ses créanciers : pour ne pas priver l'armée d'un combattant, les créanciers ne pourront pas s'emparer du soldat, leur débiteur (Ulpien, *lib. 59 ad ed.*, D., 42, 1, *De re iud.*,

pas ne pas être. N'oublions pas que la justice, déclare Cicéron après le stoïcien grec, a en définitive pour but d'assurer la société des hommes entre eux et la vie commune : elle est partie de cette *ratio qua societas hominum inter ipsos et vitae quasi communitas continetur* (1). La fin à laquelle tendent ces vertus, au nombre

---

6 ; *C. Just.*, 6, 30, *De iure delib.*, 22, *pr.*; *C.*, 4, 65, *De loc. et cond.*, 31 : Levet, *Le bénéfice de compétence*, thèse Grenoble, 1927, p. 132 et s.). — V. encore l'hypothèse indiquée sous le nom de Tryphoninus, *lib. 9 disputationum*, *D.*, 16, 3, *Depositi vel contra*, 31, *pr.* Il s'agit de savoir si la somme déposée par une personne doit lui être restituée ou au contraire remise à l'Etat, cette personne ayant été condamnée à une peine qui comporte la confiscation de ses biens. Or le texte déclare que d'après le *naturale et gentium ius*, la somme déposée doit être restituée au déposant, mais que, selon le *ius civile*, elle doit être versée à l'Etat. Il est vrai que le texte, dans sa forme actuelle, paraît avoir été profondément remanié par les compilateurs de Justinien : le texte primitif de Tryphoninus, selon Pernice, *Labeo*, 2, 1, p. 171, n. 1 et 2, 2, p. 215, se référait à une hypothèse de chose volée, pour laquelle se pose la question de savoir à qui elle doit être restituée. Perozzi, *Istituzioni di diritto romano*, 1, 1906, p. 66, n. 1 (ci-après, p. 66, n. 1), indique comme suspect d'interpolation la jonction des termes *naturale et gentium ius*. En tout cas, le texte a pleine valeur pour l'époque de Justinien.

(1) Cicéron, *De officiis*, 1, 7, 20 : *De tribus autem reliquis latissime patet ea ratio, qua societas hominum inter ipsos et vitae quasi communitas continetur ; cuius partes duae : iustitia, in qua virtutis splendor est maximus,...* — *De officiis*, 3, 6, 28, où Cicéron, avant de proclamer la justice *una virtus omnium... domina et regina virtutum*, déclare que ceux qui décident qu'il n'est entre eux et les autres citoyens aucun *ius*, aucune société fondés sur l'utilité commune, professent une opinion qui détruit toute société de cité (ci-après, p. 86, n. 2): — *De finibus bon. et mal.*, 5, 23, 65 : *... quae animi affectio suum cuique tribuens atque hanc, quam dico, societatem coniunctionis humanae munifice et aeque tuens iustitia dicitur,...*; — *Partitiones oratoriae*, 22, 78 : *In communione autem quae posita pars est, iustitia dicitur,...* C'est ce que redit S. Ambroise, *De officiis ministrorum*, 1, 28, 130 (Migne, *Patrol. lat.*, 16,

desquelles se trouve la justice, est le bien commun. C'est en vue de ce bien commun, de l'utilité commune, c'est en vue d'assurer la société des hommes entre eux et la vie commune que la vertu de justice attribue à chacun son droit. C'est donc dire, en conséquence, que si dans des cas particuliers et d'ailleurs exceptionnels le fait d'attribuer à tout homme son droit allait par hasard à l'encontre de ce bien, de cette utilité commune, de cette société des hommes entre eux, de cette vie commune, alors le droit particulier de l'homme sera tenu en suspens. Il ne sera plus dans ce cas attribué à chacun son droit. Ainsi le veut encore, pour répondre à sa raison d'être et pour pouvoir remplir sa fin, la vertu même de justice.

Telle est, envisagée dans son ensemble, la leçon sur la justice, telle qu'Ulpien l'expose à la suite de l'école pythagoricienne et stoïcienne grecque, et sans doute à la suite de nombreux écrivains et jurisconsultes romains. De cette définition, nous en savons la magnifique et féconde destinée (1) : elle est demeurée traditionnelle, redite d'âge en âge jusqu'aux temps présents : *iustitia est constans et perpetua voluntas ius suum cuique tribuendi.*

---

col. 61) : *Iustitia igitur ad societatem generis humani et ad communitatem refertur.*

(1) L'enseignement des siècles antérieurs est reproduit par les Pères de l'Église, qui s'attachent en particulier à l'exposé de Cicéron.

La justice est vertu (Lactance, *Divin. inst.*, 5, *De iustitia*, 5, Migne, *Patr. lat.*, 6, col. 565 ; S. Ambroise, *De officiis ministrorum*, 3, 1, 7, Migne, 16, col. 147 : *nihil enim spectat vir justus, nisi quod constans et honestum est* ; S. Augustin, *De libero arbitrio*, 1, 13, 27, Migne, 32, col. 1235), l'une de ces quatre vertus princi-

palcs (S. Ambroise, *op. cit.*, 1, 24, 115, Migne, 16, col. 57) ou cardi-
nales (S. Ambroise, *De sacramentis,* 3, 2, 9, Migne, 16, col. 434)
que sont la prudence, la justice, la force et la tempérance.

Elle existe de nature, Dieu en ayant mis le germe dans l'âme de
l'homme dès la création (Tertullien, *De virginibus velandis,* 1,
Migne, 2, col. 890 : *sic et iustitia — nam idem Deus iustitiae et
creaturae — primo fuit in rudimentis, natura Deum metuens*).
Toutes les vertus étant d'ailleurs connexes, elle est la source de
toutes les autres vertus (Lactance, *op. cit.*, 5, Migne, 6, col. 565 :
*Nunc reddenda est de iustitia proposita disputatio : quae aut ipsa
est summa virtus, aut fons est ipsa virtutis...*; S. Ambroise, *De
paradiso,* 3, 18, Migne, 14, col. 282 : *ubi autem iustitia, ibi concordia virtutum est ceterarum ; op. cit.*, 3, 22, Migne, 14, col. 283 :
*... principalis est virtus ; in eo etiam ceterae praesto sunt ; quia
ipsae sibi sunt connexae concretaeque virtutes...*; *De Abraham,* 20,
10, 68, Migne, 14, col. 490 : *eo quod fons sit iustitia ceterarum
virtutum, quae virtutes alias illuminet*; sans elle, les autres vertus nuisent ; *iustitia sola est quae virtutes omnes complectitur
et commendat omnes*). Elle suppose la prudence, c'est-à-dire la
science des choses bonnes pour les rechercher et des choses mauvaises pour les éviter, du juste et de l'injuste (S. Ambroise, *De
officiis ministrorum,* 1, 27, 126, Migne, 16, col. 60 : *neque enim
potest iustitia sine prudentia esse; In Psalmum 35, Praefatio,* 1,
Migne, 14, col. 952 : *neque enim possumus cognoscere quae sit forma
iustitiae, nisi cognoscamus quae sit iniquitatis effigies*). Mais elle
tend à l'action (S. Augustin, *De moribus Ecclesiae catholicae,*
1, 16, 27, Migne, 32, col. 1323 : *iustitia vero et virtus ad actionem
atque ad operationem*), en vue du bien commun (S. Ambroise,
De officiis ministrorum, 1, 28, 130, Migne, 16, col. 61 : *iustitia
igitur ad societatem generis humani et ad communitatem refertur;
op. cit.*, 1, 28, 136, Migne, 16, col. 63 : *magnus itaque iustitiae
splendor, quae aliis potius nata quam sibi, communitatem et societatem nostram adiuvat*; S. Augustin, *De civitate Dei,* 19, 21,
Migne, 41, col. 649 : *procul dubio colligitur, ubi iustitia non est,
non esse rem publicam*).

Elle a dès lors son domaine propre (S. Ambroise, *De excessu
Fratris sui Satyri,* 1, 57, Migne, 16, col. 1309 : *superest ut ad con-
clusionem cardinalium virtutum, etiam iustitiae partes in eo debea-
mus advertere . nam etsi cognatae sint inter se concretaeque virtutes, tamen singularum quaedam forma expressior desideratur,
maximeque iustitiae*), qui est de rendre à chacun selon son mérite

(S. Ambroise, *Expositio Evang. sec. Lucam*, 6, 6, Migne, 15, col. 1670 : *quod opus iustitiae sit, circa uniuscuiusque meritum servare mensuram*; *De officiis ministrorum*, 1, 27, 129, Migne, 16, col. 61 : *opportunitatem noscere et secundum mensuram reddere sit iustitiae*), d'attribuer à chacun ce qui lui est dû (Lactance, *Divin. inst.*, 5, *De iustitia*, 23, Migne, 6, col. 626 ; S. Ambroise, *De officiis ministrorum*, 1, 24, 115, Migne, 16, col. 57 : ... *iustitiam, quae suum cuique tribuit, alienum non vindicat, utilitatem propriam negligit, ut communem aequitatem custodiat...*; *op. cit.*, 2, 9, 49, Migne, 16, col. 116 : *iustitia quae sit bona custos iuris alieni, et vindex proprietatis, suum cuique conservans...*; S. Augustin, *De libero arbitrio*, 1, 13, 27, Migne, 32, col. 1235 : *iam iustitiam quid dicamus esse, nisi virtutem qua sua cuique tribuuntur ?*; *Enarratio in Psalmum* 83, 11, Migne, 37, col. 1065 : *iustitia dicitur qua sua cuique tribuimus : nemini quidquam debentes, sed omnes diligentes...*; *De civitate Dei*, 19, 21, Migne, 41, col. 649 : *iustitia porro ea virtus est, quae sua cuique distribuit*).

A la suite des philosophes et jurisconsultes des âges antérieurs, les Pères de l'Église proposent des divisions de la justice. S. Ambroise empruntera à Platon sa division de la justice à l'égard de Dieu, à l'égard des hommes, à l'égard des morts (*Expositio Evang. sec. Lucam*, 5, 76, Migne, 15, col. 1657 : ... *quod in tres partes illa sibi videtur divisisse iustitiam : unam in Deum, quae pietas vocatur : alteram in parentes, vel reliquum humanum genus : tertiam in mortuos, ut his exsequiarum iusta solvantur*). Mais ce sont en général les divisions, déjà exposées par Cicéron, qui sont admises : justice à l'égard de Dieu auquel honneur et culte sont dus, justice à l'égard de la patrie, justice à l'égard des parents, justice à l'égard de tous (S. Ambroise, *De officiis ministrorum*, 1, 27, 127, Migne, 16, col. 60 : *iustitiae autem pietas est prima in Deum, secunda in patriam, tertia in parentes, item in omnes : quae et ipsa secundum naturae est magisterium*; *De excessu Fratris sui Satyri*, 1, 58, Migne, 16, col. 1309 : *sed huius [iustitiae] multiplex est species : alia erga propinquos, alia erga universos, alia erga Dei cultum vel adjumentum inopum*).

La justice suppose, redira encore S. Augustin, une égalité proportionnelle, une *aequitas*, entre des êtres ou des choses placés sur des plans différents ou quelque peu dissemblables (*De quantitate animae*, 9, 15, Migne, 32, col. 1043 : A. *Nihilne te movet etiam in his rebus tanta et tam inconcussa quaedam iustitia ?* E. *Quonam modo ?* A. *Quia nihil ut arbitror dicimus esse iustitiam nisi aequi-*

talem : aequitas autem ab aequalitate quadam videtur appellata. Sed quae in hac virtute aequitas, nisi ut sua cuique tribuantur ? Porro sua cuique, nisi quadam distinctione tribui non possunt. an aliter putas ? E. Manifestum est, et prorsus assentior. A. Quid, distinctionem arbitrarisne esse ullam, si omnia paria sint, ut nihil omnino inter se differant ? E. Nullo modo. A. Ergo iustitia servari non potest, nisi in rebus in quibus servatur, sit quaedam, ut ita dicam, imparilitas et dissimilitudo. E. Intelligo).

Cette notion de la justice, legs des siècles précédents, est présentée par les Pères de l'Église comme provenant de nature.

Il y a cependant un apport purement chrétien pour la compréhension de la notion de justice. C'est ce que déclare Tertullien, *De virginibus velandis*. 1, Migne, 2, col. 890 : « L'Ecclésiaste a dit : à chaque chose son temps. Regarde les êtres créés ; ils n'arrivent que peu à peu à leur fruit. Il en va pareillement de la justice, car le Dieu de la justice est le même que le Dieu des créatures. Dans ses rudiments, la justice s'appuya sur la crainte naturelle de Dieu ; par la Loi et les prophètes, elle arriva à l'enfance ; par l'Évangile, elle connut l'ardeur de la jeunesse ; et maintenant, par le Paraclet, elle prend de la maturité » (*sic et iustitia, nam idem Deus iustitiae et creaturae, primo fuit in rudimentis, natura Deus metuens : dehinc per legem et prophetas promovit in infantiam, dehinc per evangelium efferbuit in iuventutem, nunc per Paracletum componitur in maturitatem. Hic erit solus a Christo magister et dicendus et verendus*). Par nous-mêmes, si nous faisons quelques œuvres de justice, nous n'en faisons que de rares (S. Ambroise, *In Psalmum 118*, 18, 35, Migne, 15, col. 1464 : *...etiam si facimus opera aliqua iustitiae, facimus tamen non continua, sed rara... soli Deo suppetit in perpetuum per omnia possidere iustitiam...*; S. Augustin, *Epist. 120 ad Consentium*, vers a. 410, 4, 19, Migne, 33, col. 460 : *ea porro iustitia quae vivit in seipsa, proculdubio Deus est*). La Loi a été précisément donnée pour soutenir l'autorité naturelle de la justice, prête à s'engourdir chez l'homme. Mais, en tout cas, l'homme n'oubliera pas qu'il n'est juste que par Dieu (S. Augustin, *In Iohannis Evangelium*, 26, 6, 1, Migne, 35, col. 1607 : *... quid est hoc, iustitia Dei et iustitia hominis? Iustitia Dei hic dicitur, non qua iustus est Deus, sed quam dat homini Deus, ut iustus sit homo per Deum. Quae autem erat illorum iustitia? qua de suis viribus praesumebant, et quasi impletores Legis seipsos ex sua virtute dicebant. Nemo autem implet Legem, nisi quem adjuverit gratia, id est panis quae de coelo descendit.*

Et c'est ici que se précise l'apport chrétien. Le Christ est venu non pour détruire la Loi, mais pour la compléter (Évangile selon S. Mathieu, 5, 17). Or, si la justice est une vertu naturelle, souvent elle est restreinte dans ses effets à raison des faiblesses de la nature ; au contraire, chez le chrétien, elle peut être vertu surnaturelle, si elle est produite en lui par la grâce de Dieu ; le Saint-Esprit, venant au secours de la faiblesse de la nature humaine, agira dans l'homme pour parfaire en lui la vertu naturelle de justice et lui faire produire des œuvres (S. Augustin, *Epist.* 175, 3, Migne, 33, col. 760 : *Illam vero gratiam qua... Christiani sumus... nolunt omnino cognoscere, sed nec aperte quidem oppugnare audent : sed quid aliud agunt, cum hominibus animalibus non percipientibus quae sunt Spiritus Dei persuadere non cessant, ad operandam perficiendamque iustitiam et Dei mandata complenda, solam sibi humanam sufficere posse naturam ? non attendentes quod scriptum est, Spiritus adjuvat infirmitatem nostram.* V. déjà Lactance, *Divin. inst.,* 5, *De iustitia,* 7, Migne, 6, col. 570-571 ; S. Jérôme, *Dialogus contra Pelagianos,* 2, 9 et 10, Migne, 23, col. 569-570).

Tel est l'enseignement des Pères de l'Église. Peut-être faut-il encore toutefois noter que certains écrivains chrétiens faisaient parmi ces vertus de justice une place particulière à la religion, tout en déclarant qu'elle est partie de la justice. Ainsi Lactance enseignait que la justice comprend deux vertus principales, la *pietas* qui est la *Dei notio* et l'*aequitas* qui de la part des hommes est le fait *se cum caeteris coaequandi* (*Divin. instit.,* 5, *de iustitia,* 15, Migne, 1, col. 596-598 : *Iustitia quamvis omnes simul virtutes amplectatur, tamen duae sunt omnium principales, quae ab illa divelli separarique non possunt, pietas et aequitas... Pietas vero et aequitas, quasi venae sunt eius ; his enim duobus fontibus constat tota iustitia... Pietas autem nihil aliud est quam Dei notio... Altera est iustitiae pars aequitas : aequitatem dico non utique bene iudicandi, quod et ipsum laudabile est in homine iusto, sed se cum caeteris coaequandi, quam Cicero aequabilitatem vocat...*).

S. Thomas d'Aquin, dans sa Somme théologique, *II*ª *II*ᵃᵉ, *quaestio* 58, reprendra l'enseignement des Pères de l'Église, mais avec quelques importantes variantes, qui proviennent de l'influence aristotélicienne. Sans doute S. Thomas reprend, *art.* 1, la définition d'Ulpien, à laquelle il joint celle d'Aristote. Il dit de la justice qu'elle est vertu (*art.* 3, citant Cicéron), qui s'applique uniquement aux rapports avec autrui (*art.* 2, citant Cicéron), qui est vertu générale, ayant pour effet de coordonner vers le bien commun les actes de toutes les vertus (*art.* 5, citant Aristote et Cicéron), la plus élevée de toutes les vertus morales (*art.* 12, citant Cicéron), résidant dans la volonté (*art.* 4); son acte propre est de rendre à chacun ce qui lui appartient (*art.* 11).

Mais l'influence d'Aristote, qui est prépondérante dans les *art.* 6 à 11 de la *quaestio* 58, se fait particulièrement sentir dans la manière dont il ordonne les diverses parties de la justice. Dans l'enseignement des sages antiques, des stoïciens, de Cicéron, des Pères de l'Église qui adoptent leurs classifications (V. ci-dessus Tertullien, S. Ambroise, S. Augustin, etc., et leurs divisions de la justice), le droit de par nature est fondé sur l'*aequum*; attribuer à chacun ce qu'il mérite, ce qui lui appartient suppose qu'on se trouve en présence d'êtres différents, entre lesquels n'existe qu'une égalité fondée sur la proportion : dans ces conditions, on dira que l'homme doit à Dieu le culte et l'hommage et qu'il est justice que ces culte et hommage soient rendus à Dieu; qu'il est justice que des devoirs d'affection soient rendus par les enfants aux parents; qu'il est justice que le promettant exécute sa promesse à l'égard du stipulant, etc. Cependant, Aristote, qui dissertait en quelques passages sur cette égalité dite géométrique (*supra*, p. 29, n. 1), développait par ailleurs d'intéressantes considérations sur τὸ μέσον τῆς ἀρετῆς, sur le *medium virtutis*, qu'il déclarait être de proportion arithmétique (*Ethic. Nicom.*, 2, 6 (5), 7 : Τοῦτο δὲ μέσον ἐστὶ κατὰ τὴν ἀριθμητικὴν ἀναλογίαν). Et c'est cette leçon du *medium virtutis*, appliquée à la vertu de justice, qui guidera S. Thomas dans sa manière d'ordonner les différentes parties de la justice (*qu.* 58, *art.* 10 : ... *quod philosophus in II Ethic., cap. 6 assignat medium iustitiae secundum proportionalitatem arithmeticam, quod est medium rei*). En effet, il ne se contente plus de déclarer que le droit est ce qui est conforme à l'*aequum*, au rapport de proportionnalité qui doit exister entre deux êtres placés en des plans différents. Il déclare au contraire que le milieu de la justice consiste dans une certaine égalité proportionnelle non plus entre deux êtres, mais entre la chose extérieure que nous devons et la personne extérieure à laquelle nous devons (*qu.* 58, *art.* 10 : ... *et ideo medium iustitiae consistit in quadam proportionis aequalitate rei exterioris ad personam exteriorem*).

Mais, si l'on substitue ainsi cette notion d'*aequalitas* à l'antique *aequum*, et si l'on assigne à la justice la caractéristique de comporter cette égalité ainsi entendue, on doit dès lors reconnaître notamment que, comme nous ne pouvons pas rendre à Dieu l'équivalent de ses bienfaits, il s'ensuit que nous ne pouvons pas non plus rendre à Dieu ce qui est parfaitement juste (*qu. 57, art. 1, 3° : ... quod quia iustitia aequalitatem importat, Deo autem non possumus aequivalens recompensare, inde est quod iustum secundum perfectam rationem non possumus reddere Deo*). En conséquence S. Thomas d'Aquin déclare que, si la religion relève de la justice en ce que tout ce que l'homme rend à Dieu est dû, cependant elle s'en éloigne en ce que ce qui est rendu n'est pas *aequale*, en ce que l'homme ne peut pas rendre à Dieu autant qu'il lui doit (*II*ᵃ *II*ᵃᵉ, qu. 80, art. 1 : quidquid ab homine Deo redditur, debitum est, non tamen potest esse aequale, ut scilicet tantum homo ei reddat quantum debet, secundum illud Psalm. CXV : quid retribuam Domino pro omnibus quae retribuit mihi?*). Et S. Thomas dira seulement, pour cette raison, que la religion est adjointe à la justice (*et secundum hoc adjungitur iustitiae religio*), qu'elle est au nombre des parties potentielles de la justice (*qu. 80, de partibus potentialibus iustitiae*), qu'elle en est l'une des vertus annexes (*qu. 80, art. 1*).

Au surplus, S. Thomas d'Aquin rangera encore parmi les vertus annexes à la justice toutes ces vertus qui, dira-t-il, bien que relatives à autrui et bien que se rapportant de ce chef à la justice, s'éloignent cependant de la justice, ou bien parce qu'elles s'éloignent de l'égalité arithmétique, ou bien parce qu'elles n'impliquent pas un dû légal (*qu. 80, art. 1 : dupliciter ergo aliqua virtus ad alterum existens, a ratione iustitiae deficit, uno quidem modo in quantum deficit a ratione aequalis, alio modo in quantum deficit a ratione debiti*). Telles sont, outre la religion, la *pietas*, le respect, la vérité, la reconnaissance, la vindication, l'amitié et la libéralité (*qu. 80, art. 1 s.*).

Ailleurs, *qu. 48*, art. unique, S. Thomas avait indiqué qu'il existait trois sortes de parties : les parties intégrales, les parties subjectives et les parties potentielles. Les parties potentielles d'une vertu sont les vertus adjointes, qui sont ordonnées à certains actes ou à certaines matières secondaires, comme n'ayant pas toute la puissance de la vertu principale. Or, déclare S. Thomas (*qu. 80, art. 1 s.*), dans la religion, la *pietas* et le respect, ce qui les fait rester en deçà de la justice au sens strict, ce n'est pas le manque de rigueur dans la raison de dette, mais l'impossibilité d'atteindre la raison d'égalité dans l'acquittement de cette dette ; au contraire, la vérité, la reconnaissance, la vindication, l'amitié et la libéralité sont en défaut du côté de la raison de dette ; car elles ne portent pas sur quelque chose qui soit dû légalement.

Et cependant, notons que patiemment, progressivement, les peuples se sont toujours efforcés, comme nous l'avons rapporté (*supra*, p. 28, n. 1), de faire produire à ces diverses notions, en des applications concrètes plus ou moins nombreuses selon les époques, des effets de droit.

APPENDICE

DE LA DISTINCTION
DU *IUS NATURALE* ET DU *IUS GENTIUM*

DE LA DISTINCTION

DU *IUS NATURALE* ET DU *IUS GENTIUM*

(Ulpien, *lib. 1 institutionum*, D., 1, 1,
De iustilia et iure, 1, 3. 4).

De la terminologie incertaine de *ius naturale* et de *ius gentium*. — Méthode d'examen de la question du *ius naturale*.

Le droit propre à la nature de l'homme, — c'est-à-dire celui qui a comme sources à la fois et les lois dont la nature instruit l'animal qu'est l'homme, et certaines notions que la nature infuse en l'être raisonnable qu'est également l'homme, — est dénommé par les textes des jurisconsultes tantôt *ius natura*, tantôt *ius gentium* (1).

D'autres textes désignent sous le nom de *ius naturale* le droit propre à la nature de l'animal, c'est-à-dire celui qui a comme source les lois dont la nature ins-

---

(1) Nous n'envisageons dans cette étude le *ius gentium* que dans ses rapports et son opposition avec le *ius naturale*. Nous ne l'envisageons pas dans son sens plus restreint, en tant que droit s'appliquant, dans l'Etat romain, à la fois aux citoyens et aux étrangers. V. au surplus Karlowa, *Römische Rechtsgeschichte*, 1, *Staatsrecht und Rechtsquellen*, p. 451-458; Kipp, *Geschichte der Quellen des römischen Rechts*, 4ᵉ éd., Leipzig, 1919, p. 14 s.

truit tous les animaux, aussi bien les bêtes que l'homme. Les mêmes textes réservent alors le terme de droit des gens, de *ius gentium,* pour désigner le droit propre à la nature de l'homme, à la nature du genre humain, à la nature de tous les hommes vivant nécessairement en société, en nations, en *gentes.*

Enfin certains textes comprennent encore sous la dénomination de *ius gentium* les institutions qui se rencontrent chez presque tous les peuples, qu'elles soient d'ailleurs conformes ou non au *ius naturale.*

Tous ces textes ont depuis longtemps attiré l'attention de nombreux commentateurs (1) : car ils ont apparu à beaucoup exprimer en raccourci des notions susceptibles de nous éclairer sur les sources mêmes du droit.

Cependant il ne s'agit pour le moment que de dégager la leçon des siècles en cette matière. Nous n'y parviendrions pas si nous ne prenions connaissance :

1° de ce qu'est cette loi commune, universelle, ὁ νόμος ὁ κοινός, cette *una lex et communis,* dont parlent et les Pythagoriciens et Socrate et Platon et Aristote et les stoïciens Grecs ou Romains; de ce qu'est cette loi commune, droite raison, divinité, qui fait de l'univers le κόσμος, l'Ordre; loi qui fixe d'une manière ordonnée

---

(1) V. notamment les développements : imprécis de Voigt, *Die Lehre vom jus naturale, aequum et bonum und jus gentium der Römer,* Leipzig, 1856, §§ 52-64, p. 267-344; §§ 89-96, p. 446-476, suivi par Muirhead, *Introduction historique au droit privé de Rome,* trad. Bourcart, Paris, 1889, p. 379-385; plus imprécis encore, souvent erronés, parfois fantaisistes, de Sumner Maine, *Ancient Law,* ch. 3 (*L'ancien droit,* trad. Courcelle-Seneuil, Paris, 1874, p. 43 s., 55, 57); également imprécis, de Bergbohm, *Jurisprudenz und Rechtsphilosophie,* 1, Leipzig, 1892, p. 151 s.

les règles appropriées à la nature des choses, à la nature propre des êtres;

2° de ce qu'est ensuite, et en particulier, ce *ius naturale*, propre à la nature de tous les animaux, y compris l'homme;

3° de ce qu'est ce *ius natura* ou *ius gentium*, propre à la nature de l'homme, animal raisonnable;

4° de ce qu'est cet autre *ius gentium*, droit positif de la plupart des nations;

5° enfin, comment on fut amené à restreindre le sens de *ius naturale* pour ne l'entendre que du droit propre à la nature de l'homme : le *ius gentium* servant à désigner le droit positif usité dans la plupart des nations, fût-il le plus souvent conforme au droit naturel ou parfois même contraire.

I

De ce qu'est la loi éternelle, commune, universelle, conforme à la nature, droite raison, selon l'enseignement grec et romain. — De ce que c'est d'elle que découlent des données et notions de vie dans l'union et l'ordre.

Il est une loi commune, universelle, conforme à la nature, qui n'est autre chose que la droite raison, ὁ ὀρθὸς λόγος, répandue dans tout l'univers, qui ne se distingue pas de Jupiter le maître qui gouverne toutes les créatures (1). C'est parce qu'elle fixe d'une manière ordonnée les règles appropriées à la nature des choses

----

(1) Diogène Laerce, VII, 1, Ζήνων (exposé de la doctrine stoïcienne), 88, éd. Cobet-Didot, p. 178 : ... ὁ νόμος ὁ κοινός, ὅσπερ ἐστὶν ὁ ὀρθὸς λόγος διὰ πάντων ἐρχόμενος, ὁ αὐτὸς ὢν τῷ Διὶ καθηγεμόνι τούτῳ τῆς

et des êtres que l'univers est appelé l'Ordre, ὁ κόσμος (1).

Tel est l'enseignement que notamment les Grecs ont transmis aux Romains. C'était là l'enseignement des Pythagoriciens (2); ce fut celui de Socrate et de Platon (3), celui d'Aristote (4), celui de Zénon et des autres stoïciens (5). Chrysippe définit ce qu'est cette loi éternelle au début de son libre περὶ νόμου (6). Cicéron donne, de sa définition, une célèbre paraphrase

---

τῶν ὅλων διοικήσεως ὄντι. V. ci-après, p. 64, n. 1. Cf. Ravaisson, *Essai sur le stoïcisme*, Paris, 1856, p. 16, 20, 55, 71. — V. p. 82, n. 2.

(1) Platon, *Gorgias*, 507 e et 508 a (Platon, *Œuvres*, 3, 2, éd. A. Croiset et Bodin, Collection des Universités de France, p. 198) : Φασὶ δ'οἱ σοφοί, ὦ Καλλίκλεις, καὶ οὐρανὸν καὶ γῆν καὶ θεοὺς καὶ ἀνθρώπους τὴν κοινωνίαν συνέχειν καὶ φιλίαν καὶ κοσμιότητα καὶ σωφροσύνην καὶ δικαιότητα, καὶ τὸ ὅλον τοῦτο διὰ ταῦτα κόσμον καλοῦσιν, ὦ ἑταῖρε, οὐκ ἀκοσμίαν οὐδὲ ἀκολασίαν (trad. : Les sages [Pythagoriciens] affirment que le ciel et la terre, les dieux et les hommes, sont liés ensemble par l'amitié, le respect de l'ordre, la modération et les choses justes, et pour cette raison ils appellent l'univers l'ordre des choses, non le désordre ni le dérèglement).

(2) Cf. *supra*, p. 60, n. 1. V. aussi les Χρυσᾶ ἔπη (*Aureum Pythagoreorum carmen*, dans *Fragm. philos. graec.*, éd. Müllach, Paris, Didot, 1, 1875, p. 193), v. 1 s. — V. en outre, sur le λόγος d'Héraclite d'Éphèse, P. Tannery, *Pour l'histoire de la science hellène*, Paris, 1887, p. 172, 187, 194, n° 19.

(3) V. *supra*, p. 60, n. 1.

(4) Aristote, *Rhetor.*, 1, 13, 2 [1373 b] : ... λέγω δὲ νόμον τὸν μὲν ἴδιον τὸν δὲ κοινόν, ...κοινὸν δὲ τὸν κατὰ φύσιν.

(5) V. *supra*, p. 59, n. 1.

(6) Chrysippe, περὶ νόμου, rapporté au Digeste, 1, 3, *De legibus senatusque consultis et longa consuetudine*, 2, Marcianus *libro primo institutionum* : ... *sed et philosophus summae stoicae sapientiae Chrysippus sic incipit libro, quem fecit* περὶ νόμου : ὁ νόμος πάντων ἐστὶ βασιλεὺς θείων τε καὶ ἀνθρωπίνων πραγμάτων · δεῖ δὲ αὐτὸν προστάτην τε εἶναι τῶν καλῶν καὶ τῶν αἰσχρῶν καὶ ἄρχοντα καὶ ἡγεμόνα, καὶ κατὰ τοῦτο κανόνα τε εἶναι δικαίων καὶ ἀδίκων καὶ τῶν φύσει πολιτικῶν ζώων, προστακτικὸν μὲν ὧν ποιητέον, ἀπαγορευτικὸν δὲ ὧν οὐ ποιητέον (trad. lat. de l'édition Mommsen-Krueger, des *Digesta* : *lex est omnium regina*

dans son *De re publica* (1). Le jurisconsulte Marcien, au livre premier de ses *Institutiones*, reproduira le texte

---

rerum divinarum humanarumque, oportet autem praesse eam tam bonis quam malis, et ducem et magistram esse animalium, quae natura civilia esse voluit, indeque normam esse iusti et iniusti, quae iubeat fieri facienda, vetet fieri non facienda). — Marcien, *loc. cit.,* rapporte encore un passage de Démosthène, où il est dit notamment : τοῦτό ἐστι νόμος, ᾧ πάντας ἀνθρώπους προσήκει πείθεσθαι διὰ πολλά, καὶ μάλιστα ὅτι πᾶς ἐστι νόμος εὕρημα μὲν καὶ δῶρον θεοῦ,... (trad. lat. précitée : *haec lex est, cui omnes homines convenit obtemperare cum propter alia pleraque tum maxime, quod omnis lex inventum est et donum dei,...*).

(1) Cicéron, *De re publica*, 3, 22, 33 (éd. Ziegler) : *Est quidem vera lex recta ratio, naturae congruens, diffusa in omnis, constans sempiterna, quae vocet ad officium iubendo, vetando a fraude deterreat, quae tamen neque probos frustra iubet aut vetat, nec improbos iubendo aut vetando movet . huic legi nec obrogari fas est, neque derogari aliquid ex hac licet, neque tota abrogari potest, nec vero aut per senatum aut per populum solvi hac lege possumus, neque est quaerendus explanator aut interpres Sextus Aelius, nec erit alia lex Romae alia Athenis, alia nunc alia posthac, sed et omnes gentes et omni tempore una lex et sempiterna et inmutabilis continebit, unusque erit communis quasi magister et imperator omnium deus : ille legis huius inventor, disceptator, lator; cui qui non parebit, ipse se fugiet ac naturam hominis aspernatus hoc ipso luet maximas poenas, etiamsi cetera supplicia quae putantur effugerit.* « Il est une loi vraie, droite raison, conforme à la nature, diffuse « en tous, constante, éternelle, qui appelle à ce que nous devons « faire en l'ordonnant et qui détourne du mal qu'elle défend; qui « cependant, si elle n'ordonne ni défend en vain aux bons, ne « change ni par ses ordres ni par ses défenses les méchants. Il est « d'institution divine qu'on ne peut pas proposer d'abroger cette « loi, et il n'est pas permis d'y déroger, et elle ne peut pas être « abrogée en entier; nous ne pouvons, par acte du sénat ou du « peuple, dispenser d'obéir à cette loi; il n'est pas à chercher un « Sextus Aelius comme commentateur ou interprète; elle n'est pas « autre à Rome ou à Athènes; elle n'est pas autre aujourd'hui que « demain; mais loi une et éternelle et immutable, elle sera pour « toutes nations et de tout temps; elle sera comme dieu un et « universel, maître et chef de toutes choses : dieu qui est l'auteur

de Chrysippe : et le Digeste conservera le fragment de Marcien (1).

Le champ d'action de cette loi commune, ὁ νόμος ὁ κοινός, *naturae congruens*, est aussi étendu que la nature elle-même, la nature commune, universelle, ἡ κοινή φύσις (2). Elle est pour toutes les créatures, pour le ciel et pour la terre : son objet propre est d'unir et d'ordonner toutes les créatures les unes par rapport aux autres, la nature cherchant d'elle-même ce qui convient à la constitution des unes et des autres (3).

Les unissant, la nature n'a mis parfois sous certains rapports aucune différence entre des créatures si diffé-

---

« de cette loi, qui l'a jugée, qui l'a portée; qui ne lui obéira pas se
« fuira lui-même et, n'ayant pas tenu compte de la nature de
« l'homme, il s'infligera par cela même les peines les plus grandes,
« même s'il échappe à ces autres choses que les hommes consi-
« dèrent comme des châtiments ». Ce passage fut transcrit avec
enthousiasme par Lactance dans ses *Divinae institutiones,* 6, 8,
6-9 (Migne, *Patr. lat.,* 6, col. 660), qui dit de cette loi qu'elle est la
lex Dei. — Des commentaires de ce passage du *De re publica*
sont donnés notamment par Ch. Beudant, *Le droit individuel et
l'Etat,* 3ᵉ éd., 1920, p. 30 s.; G. Renard, *Le droit, l'ordre et la
raison,* 1927, p. 48 s.

(1) V. *supra,* p. 60, n. 6.

(2) Diogène Laerce, VII, 1, Ζήνων, 89, éd. Cobet-Didot, p. 178. —
Les stoïciens donnent le nom de nature tantôt à la puissance qui
conserve le monde, tantôt à celle qui produit toutes choses sur la
terre. Elle est une force qui se meut elle-même suivant certaines
raisons séminales, qui conserve pendant un temps déterminé les
êtres qui lui doivent l'existence et les rend semblables à ceux dont
ils proviennent (Diogène Laerce, VII, 1, Ζήνων, 148, éd. Cobet-Didot,
p. 191 : Φύσιν δὲ ποτὲ μὲν ἀποφαίνονται τὴν συνέχουσαν τὸν κόσμον, ποτὲ δὲ
τὴν φύουσαν τὰ ἐπὶ γῆς. ἔστι δὲ φύσις ἕξις ἐξ αὐτῆς κινουμένη κατὰ σπερματικους
λόγους ἀποτελοῦσά τε καὶ συνέχουσα τὰ ἐξ αὐτῆς ἐν ὡρισμένοις χρόνοις καὶ
τειαῦτα δρῶσα ἀφ' οἵων ἀπεκρίθη).

(3) Diogène Laerce, VII, 1, Ζήνων, 86, éd. Cobet-Didot, p. 178 :
... αὐτὴ καθ' αὐτὴν ἡ φύσις ἐπιζητήσασα τὰ ἐναρμόζοντα τῇ συστάσει ἀπολάβῃ.

rentes par ailleurs. La bête ne participe-t-elle pas de la
nature de la plante et de la nature de l'homme ; l'homme
ne participe-t-il pas de la nature de la bête et de la
nature divine?

C'est ainsi que sous certains rapports la nature n'a
mis, dira le stoïcien, aucune différence entre les animaux et les plantes : elle gouverne, il est vrai, les
plantes sans le secours des penchants et des sentiments;
mais les hommes ne sont-ils pas aussi plantes à quelques égards (1).

Et cependant, il est certain que, sous d'autres rapports, les êtres se différencient selon leur nature propre.
C'est ainsi que la commune nature a mis des différences
entre les animaux et cet animal qu'est l'homme. Si
chez l'animal, comme l'expose la doctrine stoïcienne
rapportée par Diogène Laerce, la nature gouverne les
penchants qui concourent à le diriger vers sa fin propre,
l'intéressant dès l'origine à lui-même, à sa propre conservation ; cependant, plus bienveillante, elle a départi
aux hommes, animaux raisonnables, la raison. Et néan-
moins est-il de nouveau rappelé que, pour les hommes,
vivre selon la raison, vivre bien, c'est encore précisément vivre selon la nature : la raison en eux n'étant
que l'artiste chargé de diriger les penchants de l'homme
conformément à la nature (2). La fin de l'homme, dit le
Portique, est de régler sa conduite sur la nature, c'est-à-

---

(1) Diogène Laerce, VII, 1, Ζήνων, 86, éd. Cobet-Didot, p. 178 :
οὐδὲν τε, φασί, διήλλαξεν ἡ φύσις ἐπὶ τῶν φυτῶν καὶ ἐπὶ τῶν ζῴων, ὅτι χωρὶς
ὁρμῆς καὶ αἰσθήσεως κἀκεῖνα οἰκονομεῖ καὶ ἐφ' ἡμῶν τινα φυτσειδῶς γίνεται
(trad. lat. : *nihil quicquam, aiunt, differt natura in arboribus et
animalibus quando et de illis absque motu voluntatis ac sensu dispo-
nit et in nobis quaedam arborum more fiunt*).
(2) V. Ravaisson, *Essai sur le stoïcisme*, p. 41, 48, 53.

dire sur sa nature propre et sur la nature universelle;
il doit s'abstenir de tout ce qu'interdit la loi commune,
qui n'est autre chose que la droite raison répandue dans
tout l'univers, qui ne se distingue pas de Jupiter le
maître qui gouverne tous les êtres (1).

Ainsi, de cette loi commune éternelle (2) découlent

____

(1) Diogène Laerce, VII, 1, Ζήνων, éd. Cobet-Didot, 85, p. 177 :
... τὴν δὲ πρώτην ὁρμήν φασι τὸ ζῶον ἴσχειν ἐπι τὸ τηρειν ἑαυτό, οἰκειούσης
αὐτῷ τῆς φύσεως ἀπ' ἀρχῆς... 86, p. 178 : ... ἐκ περιττοῦ δὲ τῆς ὁρμῆς
τοῖς ζώοις ἐπιγενομένης, ᾗ συγχρώμενα πορεύεται πρὸς τὰ οἰκεῖα, τούτοις μὲν τὸ
κατὰ φύσιν τὸ κατὰ τὴν ὁρμὴν διοικεῖσθαι · τοῦ δὲ λόγου τοῖς λογικοῖς κατὰ
τελειοτέραν προστασίαν δεδομένου, τὸ κατὰ λόγον ζῆν ὀρθῶς γίνεσθαι αὐτοῖς τὸ
κατὰ φύσιν · τεχνίτης γὰρ οὗτος ἐπιγίνεται τῆς ὁρμῆς... 88 : διόπερ τέλος
γίνεται τὸ ἀκολούθως τῇ φύσει ζῆν, ὅπερ ἐστὶ κατά τε τὴν αὐτοῦ καὶ κατὰ τὴν
τῶν ὅλων, οὐδὲν ἐνεργοῦντας ὧν ἀπαγορεύειν εἴωθεν ὁ νόμος ὁ κοινός, ὅσπερ ἐστὶν
ὁ ὀρθὸς λόγος διὰ πάντων ἐρχόμενος, ὁ αὐτὸς ὢν τῷ Διὶ καθηγεμόνι τούτῳ τῆς
τῶν ὅλων διοικήσεως ὄντι (trad. lat. : *primam animantis appetitionem
hanc esse dicunt, se ipsum tuendi atque servandi, natura ipsum
sibi ab initio ita conciliante... cum vero ex superfluo appetitio
animantibus ingenerata sit, qua utentes pergunt ad ea quae sua
sunt, in eis quidem naturali quadam ratione appetitionem illam
disponi. Ceterum cum rationalibus perfectiore cura data sit ratio,
vivere secundum rationem recte dici eos qui vivunt secundum naturam : quippe artifex accedit moderatrixque appetitionis... 88.
Idcirco finis efficitur convenienter naturae vivere, hoc est secundum
suam atque universorum naturam, nihil eorum faciendo quae a
communi lege prohibentur, quae est recta ratio in omnes perveniens
eademque nihil distans ab Jove hoc principe gubernationis omnium
quae sunt*). — Cicéron, *De legibus,* 2, 4, 10 : ... *Quam ob rem lex
vera atque princeps apta ad iubendum et ad vetandum ratio est
recta summi Iovis.* — L'Evangile selon S. Jean, Prologue, 1, 9,
parle du Verbe, Λόγος. Ἦν τὸ φῶς τὸ ἀληθινὸν ὃ φωτίζει πάντα ἄνθρωπον
ἐρχόμενον εἰς τὸν κόσμον (Le Verbe était la vraie lumière, qui illumine
tout homme venant en ce monde : *La Sainte Bible, Nouveau Testament,* trad. Glaire et Vigouroux, Paris, 1917, p. 316 ; Lagrange,
Evangile selon S. Jean, Paris, 1925, p. 2 et 11, n. 9). Seulement,
pour les chrétiens, il y a en Dieu un Verbe personnel, et Jésus est
ce Verbe.

(2) Une étude de la manière dont les différents peuples ont conçu

des règles de vie dans l'union et l'ordre, tantôt communes à des créatures unies sous certains rapports à raison de leur nature commune, tantôt propres à certaines créatures à raison de leur nature propre (1). Recherchons donc quelles sont pour l'homme, ou plutôt pour les hommes, ces règles et données de vie dans l'union et l'ordre.

II

De ce qu'est le *ius naturale*, propre à la nature de tous les animaux, y compris l'homme. — Examen de ces données de vie, préceptes ou lois, dont la nature a instruit aussi bien les bêtes que les hommes et qui sont la source d'un *ius naturale* commun aux uns et aux autres. — La question de savoir s'il existe un droit des hommes envers les animaux et un droit des animaux à l'égard des hommes est une autre question.

L'homme, cet animal raisonnable vivant en société, a une nature, parfois commune avec les autres animaux, parfois propre à son être de raison.

La nature n'a pas mis de différence entre cet animal

la loi éternelle, est désirable. Sur la conception que s'en faisaient les écoles de Confucius, du Tao et de Mo Ti dans le monde chinois, v. Leang K'I-Tch'ao, *La conception de la loi et les théories des légistes à la veille des Ts'in,* trad. Escarra-Germain, Pékin, 1926, p. 11, 19-20, 22.

(1) C'est ce qu'enseignait notamment Chrysippe, selon Diogène Laerce, VII, 1, Ζήνων, éd. Cobet-Didot, 89, p. 178 : φύσιν δὲ Χρύσιππος μὲν ἐξακούει, ᾗ ἀκολούθως δεῖ ζῆν, τήν τε κοινὴν καὶ ἰδίως τὴν ἀνθρωπίνην (trad. lat. : *naturam autem Chrysippus quidem eam cui convenienter oporteat vivere et communem intelligit, et proprie humanam*). V. toutefois l'opinion divergente de Cléanthe, dans Diogène Laerce, *loc. cit.*

qu'est l'homme et les autres animaux, notamment dans les cas, rappelés par le jurisconsulte Ulpien, de *maris atque feminae coniunctio*, de *liberorum procreatio, educatio* (1).

C'est là l'enseignement courant que nous trouvons

---

(1) Ulpien, *lib. 1 institutionum, D.*, 1, 1, *De iustitia et iure*, 1, 3 : *Ius naturale est, quod natura omnia animalia docuit : nam ius istud non humani generis proprium, sed omnium animalium, quae in terra, quae in mari nascuntur, avium quoque commune est . hinc descendit maris atque feminae coniunctio, quam nos matrimonium appellamus, hinc liberorum procreatio, hinc educatio : videmus enim cetera quoque animalia, feras etiam istius iuris peritia censeri.* — Ce texte est reproduit dans des termes à peu près identiques aux Institutes de Justinien, 1, 2, *De iure naturali et gentium et civili, pr.* : seulement *sed omnium animalium, quae in terra, quae in mari nascuntur, avium quoque commune* est remplacé par *sed omnium animalium, quae in caelo, quae in terra, quae in mari nascuntur.* V. aussi la paraphrase de ce livre 1, 2, *pr.* des Institutes dans *Institutionum graeca paraphrasis Theophilo antecessori vulgo tributa,* éd. Ferrini, 1, 1884, p. 5. — Perozzi, *Istituzioni di diritto romano,* 1, 1906, p. 66, n. 1 et 73, n. 3, déclare reconnaître la marque des compilateurs de Justinien dans la définition du *ius naturale* donnée sous le nom d'Ulpien par le texte précité du Digeste, 1, 1, *cod. tit.,* 1, 3 ; les compilateurs auraient désiré imposer la trichotomie du droit privé en *ius naturale, ius gentium, ius civile,* trichotomie qui aurait été inconnue d'Ulpien, qui n'eût parlé dans ses *Institutiones* que de *ius civile* et de *ius gentium*; les compilateurs auraient encore dans le même but interpolé le fragment précédent du Digeste, 1, 1, *cod. tit.,* 1, 2, en déclarant *privatum ius tripertitum est : collectum etenim est ex naturalibus praeceptis, aut gentium, aut civilibus.* L'hypothèse de Perozzi est combattue par C. Longo, *Note critiche a proposito della tricotomia ius naturale, gentium, civile,* dans *Reale Istituto Lombardo di scienze e lettere, Rendiconti,* Milan, 1907, p. 632-640, qui attaque principalement l'idée d'une trichotomie introduite par les compilateurs. — Le texte précité du Digeste, 1, 1, *cod. tit.,* 1, 3, est indiqué par Beseler, *Beiträge zur Kritik der röm. Rechtsquellen,* 3, 1913, p. 131, comme interpolé à raison de l'emploi des mots *ius istud, istius iuris.*

transcrit dans les traités περὶ τελῶν, *de finibus* ou dans les écrits des naturalistes. Cicéron, au *De finibus*, rapporte la doctrine stoïcienne, à savoir que c'est la nature qui fait que les pères aiment leurs enfants ; que la configuration même de tous les membres du corps prouve que la nature a apporté une grande attention à tout ce qui concerne la procréation ; qu'en conséquence, il serait inconcevable qu'elle eût pris tant de soin de la procréation des enfants pour ne pas se soucier qu'on prît soin de les élever. La force de la nature se fait en cela remarquer, ajoute Cicéron, également chez les bêtes. N'est-ce pas la même voix de la nature que les bêtes entendent et qui les soutient dans toutes les peines qu'elles prennent, lorsqu'elles portent leurs petits, s'en délivrent et les élèvent (1) ? Ce qui est commun à tous les être animés, dira encore Cicéron au *De officiis*, c'est ce désir qui porte les sexes à s'unir (*coniunctio*) (2) pour procréer (*procreatio*), ainsi que les soins qu'ils prennent de leur progéniture (*educatio*) (3).

------

(1) Cicéron, *De finibus bonorum et malorum*, 3, 19, 62 : *Pertinere autem ad rem arbitrantur intellegi natura fieri ut liberi a parentibus amentur... quod primum intellegi debet figura membrisque corporum, quae ipsa declarant procreandi a natura habitam esse rationem . neque vero haec inter se congruere possent, ut natura et procreari vellet et diligi procreatos non curaret . atque etiam in bestiis vis naturae perspici potest ; quarum in fetu et in educatione laborem.cum cernimus, naturae ipsius vocem videmur audire...*

(2) C'est cette loi de nature à laquelle Homère, *Iliade*, 6, v. 511, fait allusion, quand il parle de ce νόμος ἵππων, qui sollicite les chevaux en s'imposant à eux : ῥίμφα ἑ γοῦνα φέρει μετά τ' ἤθεα καὶ νομὸν ἵππων. Ce vers d'Homère est rappelé, d'ailleurs d'une manière inexacte, par Schulin, *Lehrbuch der Geschichte des römischen Rechtes,* Stuttgart, 1889, p. 80.

(3) Cicéron, *De officiis*, 1, 4, 11 : *Commune item animantium*

Ce ne sont pas d'ailleurs seulement les lois de la *coniunctio*, de la *procreatio* et de l'*educatio* des petits qui sont communes aux bêtes et à l'homme. Au *De officiis*, Cicéron rappelait également que par nature tout être animé est porté à veiller à sa propre conservation, à défendre sa vie et son corps, à éviter tout ce qui semble devoir lui nuire et à se procurer tout ce qui est nécessaire pour vivre (1). Vers la fin du IIᵉ siècle de l'ère chrétienne ou au début du IIIᵉ siècle, Claudius Aelianus, de Préneste, dans son traité περὶ ζῴων, sur les animaux, insistera sur ce fait que par nature, κατὰ φύσιν, les animaux possèdent parfois ce que nous admirons chez les hommes justes (2); et il cite de ces dons de nature communs aux hommes et à certains ani-

---

omnium est coniunctionis adpetitus procreandi causa et cura quaedam eorum, quae procreata sint;...

(1) Cicéron, *De officiis*, 1, 4, 11 : *Principio generi animantium omni est a natura tributum, ut se, vitam corpusque tueatur, declinet ea, quae nocitura videantur, omniaque, quae sint ad vivendum necessaria, anquirat et paret, ...*

(2) Aelianus, *De natura animalium,* éd. Hercher-Didot, Paris, 1858, Προοίμιον, p. 1 : Ἄνθρωπον μὲν εἶναι σοφὸν καὶ δίκαιον, καὶ τῶν οἰκείων παίδων προμηθέστατον, καὶ τῶν γειναμένων ποιεῖσθαι τὴν προσήκουσαν φροντίδα, καὶ τροφὴν ἑαυτῷ μαστεύειν, καὶ ἐπιβουλὰς φυλάττεσθαι, καὶ τὰ λοιπὰ ὅσα αὐτῷ σύνεστι δῶρα φύσεως, παράδοξον ἴσως οὐδέν,... Τὸ δὲ καὶ τοῖς ἀλόγοις μετεῖναι τινος ἀρετῆς κατὰ φύσιν, <καὶ εἰ μὴ κατὰ τὴν οἰκείαν κρίσιν>, καὶ πολλὰ τῶν ἀνθρωπίνων πλεονεκτημάτων καὶ θαυμαστὰ ἔχειν συγκεκληρωμένα, τοῦτο ἤδη μέγα (trad. lat. : *Hominem sapientem et iustum esse, liberisque suis prospicere, et parentum debitam curam gerere, sibique victum parare, insidias declinare, et reliqua in eo collocata naturae dona, non admodum forsan aliquis admiretur... Quod vero brutis animalibus, quamvis non proprio arbitrio, virtutes quaedam a natura insitae sint, eademque multas et admirandas hominum proprietates possideant, id sane magni momenti est*). Sur Aelianus, v. M. Croiset, *Histoire de la littérature grecque*, 2ᵉ éd., 1901, 5, p. 774 s.

maux (1). Ces pensées sont assez fréquemment exprimées par les écrivains grecs et latins. Elles se résument en ceci, qu'il est des lois de nature qui s'imposent et sont observées aussi bien par les animaux que par les hommes; la nature les a enseignées aux uns comme aux autres (2). Et, de même que les lois humaines sont indiquées par le jurisconsulte comme l'une des sources du *ius civile* (3), ces lois de nature, en tant que lois, sont indiquées par Ulpien comme la source d'un *ius naturale* (4).

----

(1) Aelianus, *op. cit.*, 1, 4, éd. Hercher-Didot, p. 2.

(2) Dans un passage du premier discours contre Aristogiton, 25, 65-66, attribué à tort, semble-t-il, à Démosthène (cf. Glotz, *La solidarité de la famille dans le droit criminel en Grèce*, p. 469-471, 508-509), il est indiqué comme étant une loi de nature, τῆς φύσεως νόμος, une et identique pour les hommes et pour tous les animaux, d'aimer ceux à qui on doit le jour : εἰ γὲν γὰρ εὔνους ᾽εστὶν ᾽εκείνοις καὶ τὸν τῆς φύσεως διασώζει νόμον, ὃς καὶ ἀνθρώποις καὶ θηρίοις εἷς καὶ ὁ αὐτὸς ἅπασιν ὥρισται, στέργειν τοὺς γονέας,... G. Castelli, *Intorno a una fonte greca del fr. 1 § 3, D., 1, 1*, dans *Studi in onore di Silvio Perozzi*, Palermo, 1925, p. 55-57, suivi par Levy, dans *Z. d. Sav.-St.*, 1926, p. 415, commente ce texte et en déduit que les fragments du *D.*, 1, 1, *de iust. et iure*, 1, 3 et des *Institutes* de Justinien, 1, 2, *pr.*, ne peuvent pas être considérés comme provenant arbitrairement d'Ulpien ou des compilateurs, mais comme étant une adaptation d'un concept, élaboré par les rhéteurs helléniques, peut-être sous l'influence de la philosophie pythagoricienne. — V. encore Porphyre, disciple de Plotin vers l'an 263, Περὶ ἀποχῆς ἐμψύχων, *Sur l'abstinence de la chair*, 3, 10, éd. Hercher-Didot, p. 54 : Καίτοι ἐπὶ τῶν ἄλλων ζώων, καθάπερ ἐπὶ τῶν ἀνθρώπων, τὰ μὲν πολλὰ ἐν αὐτοῖς ἡ φύσις ἐδίδαξε,... (trad. lat. : *At in animalibus, sicut etiam in hominibus, pleraque sunt quae natura docuit*).

(3) Papinien, *lib. 2 definitionum, D.*, 1, 1, *De iustitia et iure*, 7, *pr.* : *ius autem civile est, quod ex legibus... venit*.

(4) Le jurisconsulte Paul, *lib. 35 ad edictum, D.*, 23, 2, *De ritu nuptiarum*, 14, 2, indique une application des données de *maris atque feminae coniunctio, quam nos matrimonium appellamus* (Ulpien, *lib. 1 instit., D.*, 1, 1, *eod. tit.*, 1, 3) dans l'interdiction

Au surplus, reconnaître qu'il existe des lois communes dont la nature instruit aussi bien les animaux que les hommes, ce n'est pas encore dire qu'il est un droit des hommes envers les animaux et un droit des animaux à l'égard des hommes. Ceci est une tout autre question. Les anciens en ont disserté, de même qu'ils se sont demandé si les animaux n'avaient pas une certaine raison et en conséquence un certain sentiment de la justice.

Plutarque, dans son dialogue sur l'intelligence des animaux de terre et de mer, pose toutes ces questions et en discute (1). Porphyre, dans son traité sur l'abstinence de la chair, les étudie : puisque la justice ne peut exister que chez un être raisonnable, il se demandera s'il n'y a pas quelque raison chez les bêtes; en conséquence, au cas où la réponse est affirmative, s'il n'y a pas un droit pour tous les animaux; même, si,

---

qui est faite au *pater naturalis* de prendre sa fille pour épouse : *... idem e contrario dicendum est, ut pater filiam non possit ducere, si ex servitute manumissi sint, etsi dubitetur patrem eum esse. unde nec vulgo quaesitam filiam pater naturalis potest uxorem ducere, quoniam in contrahendis matrimoniis naturale ius et pudor inspiciendus est : contra pudorem est autem filiam uxorem suam ducere.* On peut toutefois se demander si le <*naturale ius et*> n'est pas ici une addition des compilateurs, désirant précisément mettre en harmonie le texte de Paul avec la définition du *ius naturale* donnée par Ulpien et admise au Digeste, 1, 1, *De iust. et iure*, 1, 3.

(1) Plutarque, *Scripta moralia*, éd. Dübner-Didot, 2, *De solertia animalium*, 4, 2 s., p. 1177; 4, 5, p. 1178 : ... διὰ τοῦ λογικοῦ πᾶσι τοῖς ἐμψύχοις μέτεστιν (trad. lat. : *quare unumquodque animal aliquid habet rationis*); 5, 3, p. 1178 : οὐκοῦν ὁμοίως μηδὲ τὰ θηρία λέγωμεν... μηδὲ φρονεῖν ὅλως, μηδὲ κεκτῆσθαι λόγον, ... (trad. lat. : *proinde etiam animalia cetera ... non dicemus omni prudentia et ratione carere*); en conséquence, la question se pose de savoir si les animaux ont ou non, fût-elle réduite, la vertu de justice, 6 et 7, p. 1179-1180.

pour présider aux relations des hommes et de certains animaux, il n'existe pas un droit commun, inné aux uns et aux autres (τὸ δίκαιον ἔμφυτον) (1).

Mais tout ceci n'est à cette époque que discussion d'école. Car, même ceux qui agitent toutes ces questions reconnaissent que d'une manière générale les Romains, suivant en cela notamment la doctrine stoïcienne, dénient aux animaux la justice (2), et leur

---

(1) Porphyre, *op. cit.*, 3, 1, éd. Hercher-Didot, p. 48 : ... Ἐς οὖν τὸν περὶ τῆς δικαιοσύνης λόγον μεταβαίνοντες, ἐπείπερ ταύτην πρὸς τὰ ὅμοια δεῖν μόνα παρατείνειν εἰρήκασιν οἱ ἀντιλέγοντες, καὶ διὰ τοῦτο τὰ ἄλογα διαγράφουσι τῶν ζώων, φέρε ἡμεῖς τὴν ἀληθῆ τε ὁμοῦ καὶ Πυθαγόρειον δόξαν παραστήσωμεν, πᾶσαν ψυχήν, ᾗ μέτεστιν αἰσθήσεως καὶ μνήμης, λογικὴν ἐπιδεικνύντες · τούτου γὰρ ἀποδειχθέντος, εἰκότως καὶ κατὰ τούτους πρὸς πᾶν ζῶον τὸ δίκαιον παρατενοῦμεν... (trad. lat. : *Quocirca ad disputationem de iustitia transeamus : ac quia eam erga similia sola pertingere asserunt, qui decreto huic contradicunt, et propterea irrationalia animalia a iure omni erga homines excludunt : age, nos veram simul ac Pythagoricam hac de re opinionem proferamus, atque animam omnem quae sensus et memoriae sit particeps, rationalem quoque esse demonstremus. Si enim demonstratum hoc fuerit, ius ad omnia animalia ex eorum etiam sententia pertinere constabit...*); — 3, 12, p. 55 : Καὶ ἡ δημιουργήσασα αὐτὰ φύσις ἐν χρείᾳ τῶν ἀνθρώπων κατέστησε τούς τε ἀνθρώπους εἰς τὸ χρῄζειν αὐτῶν, τὸ δίκαιον ἔμφυτον αὐτοῖς τε πρὸς ἡμᾶς καὶ ἡμῖν πρὸς αὐτὰ κατασκευάσασα... (trad. lat. : ... *quae ipsa procreavit natura et ipsa in hominum et homines in ipsorum indigentia videatur ea de causa constituisse, ut commune ius et ipsis erga nos et erga ipsa nobis ingeneraret...*). — V. encore Cicéron, *De re publica*, éd. Ziegler, 3, 11, 19.

(2) Les stoïciens, rapporte Diogène Laerce, pensent qu'il n'est aucun droit entre les hommes et les animaux, leur nature différant de la nôtre : tel est en particulier l'avis de Chrysippe au premier livre *De la justice* et de Posidonius dans le premier livre *Du devoir* (Diogène Laerce, VII, 1, Ζήνων, 129, éd. Cobet-Didot, p. 186 : ἔτι ἀρέσκει αὐτοῖς μηδὲν εἶναι ἡμῖν δίκαιον πρὸς τὰ ἄλλα ζῷα, διὰ τὴν ἀνομοιότητα, καθά φησι Χρύσιππος ἐν τῷ πρώτῳ περὶ δικαιοσύνης καὶ Ποσειδώνιος ἐν πρώτῳ περὶ καθήκοντος). — Plutarque, *Scripta moralia*, éd. Dübner-Didot, 2, *De solertia animalium*, 4, 2, p. 1177 : ... τὴν γοῦν πρὸς τὰ ἔκγονα φιλοσ-

refusent par ailleurs un droit à l'égard des hommes.
Celte doctrine stoïcienne était déjà nettement exprimée
par Cicéron. Il n'est pas, disait-il, de lien de droit
entre l'homme et les bêtes : *homini nihil iuris esse cum
bestiis* (1); et il ajoutait que les hommes peuvent se
servir des bêtes sans injustice. D'autre part, déclarent
encore les stoïciens, la vertu de justice n'existe pas
chez la bête dépourvue de volonté raisonnable; et c'est
pourquoi la bête ne peut pas commettre d'injustice (2).
C'est ce qu'exprime notamment le jurisconsulte
Ulpien : *nec enim potest animal iniuria fecisse, quod
sensu caret* (3).

τοργίαν, ἀρχὴν μὲν ἡμῖν κοινωνίας καὶ δικαιοσύνης τιθέμενοι, πολλὴν δὲ τοῖς
ζώοις καὶ ἰσχυρὰν ὁρῶντες παροῦσαν, οὔ φασιν αὐταῖς οὐδ' ἀξιοῦσι μετεῖναι
δικαιοσύνης... (trad. lat. : *nam cum id statuant dilectionem prolis
nostram principium societatis humanae et iustitiae esse; reliquis
animalibus, in quibus esse vehementem eam affectionem vident,
nihilominus pernegant iustitiae quicquam inesse...*).

(1) Cicéron, *De finibus*, 3, 20, 67 : *Et quo modo hominum inter
homines iuris esse vincula putant, sic homini nihil iuris esse cum
bestiis . praeclare enim Chrysippus, cetera nata esse hominum causa
et deorum,... ut bestiis homines uti ad utilitatem suam possint sine
iniuria.*

(2) Sénèque, *De ira*, 2, 26, 4 : *... atqui ut his irasci dementis est,
quae anima carent, sic mutis animalibus, quae nullam iniuriam
nobis faciunt, quia velle non possunt; non est enim iniuria nisi a
consilio profecta. nocere itaque nobis possunt ut ferrum aut lapis,
iniuriam quidem facere non possunt.*

(3) Ulpien, *lib. 8 ad edictum, D.*, 9, 1, Si quadrupes pauperiem fecisse dicatur, 1, 3 : *... nec enim potest animal iniuria fecisse,
quod sensu caret.* Ce texte est reproduit aux Instituts de Justinien,
4, 9, *Si quadrupes pauperiem fecisse dicitur, pr.*; mais le début du
principium, qui ne reproduit pas de texte de jurisconsulte emploie
l'expression *animalium nomine, quae ratione carent* et non pas
quae sensu carent. — Le *quod sensu caret,* donné par Ulpien comme
justification de sa décision, eût certainement fait l'objet de con-
troverses au temps de Sénèque, qui traite de la question dans des

En tout cas, ces considérations sont et demeurent étrangères à la question d'un *ius naturale,* commun aux hommes et aux bêtes, et ayant comme source ces données, préceptes (1) ou lois dont la nature a instruit aussi bien les uns que les autres.

III

De ce qu'est le *ius natura, ius naturae, ius naturale,* propre à la nature de l'homme, animal raisonnable. — Examen de ces données ou notions, telles que la religion, la *pietas,* la reconnaissance, la *vindicatio,* le respect, la vérité : sources d'un droit naturel, issu de la nature propre de l'homme. — Pour quelles raisons ce *ius natura* est appelé par les auteurs tantôt *ius naturale,* tantôt *ius gentium.*

Cependant, si une commune nature régit parfois et l'homme et la bête, il n'en est pas moins vrai qu'il

---

épîtres à Lucilius. Dans l'épître 121 (*epist. moral.,* 20, 4 [121], 5), Sénèque pose la question : *quaerebamus, an esset omnibus animalibus constitutionis suae sensus ? esse autem ex eo maxime adparet,...;* et, dans l'épître 124 (*epist. moral.,* 20, 7 [124], 1), il se demande si nous connaissons le bien *sensu* ou, ce que ne peuvent pas faire les bêtes, seulement *intellectu : quaeritur, utrum sensu comprendatur an intellectu bonum ? huic adiunctum est in mutis animalibus et infantibus non esse.* Après avoir indiqué que cet entendement n'existe pas chez les animaux muets et chez les enfants, il ajoute, *loc. cit.,* 2, qu'à l'encontre d'une autre opinion, il pense avec les stoïciens que le bien est chose d'entendement : *nos contra intellegibile, qui illud animo damus...* D'ailleurs, pourquoi, en fin de compte, ni un arbre ni une bête ne sont-ils susceptibles de bien ? parce qu'ils n'ont pas la raison : *quare autem bonum in arbore animalique muto non est ? quia nec ratio (loc. cit.,* 20, 7 [124], 8).

(1) Cicéron, *De legibus,* 1, 12, 33 : ... *ius... datum... omnibus ;* — Ulpien, *lib. 1 institutionum, D.,* 1, 1, *De iustitia et iure,* 1, 2 : ...*ex naturalibus praeceptis...*

existe des caractères propres à la nature humaine. Car, s'il est difficile de définir la nature, on peut du moins en énumérer les parties (1). Il en est notamment quatre, que cite le stoïcien, à savoir celle de la plante, de la bête, de l'homme, de la divinité (2). Sans doute, la bête participe de la nature de la plante et de l'homme ; l'homme participe de la nature de la bête et de la nature divine. Mais ces diverses natures peuvent être distinguées. Ce qui distingue proprement la nature de l'homme, c'est que l'homme est d'une part mortel, d'autre part pourvu de cette raison qui le place au-dessus des bêtes et lui permet de suivre la divinité (3).

------

(1) Cicéron, *De inventione*, 1, 24, 34 : ... *naturam ipsam definire difficile est; partes autem eius enumerare eas, quarum indigemus ad hanc praeceptionem, facilius est.* 35. *eae autem partim divino, partim mortali in genere versantur. mortalium autem pars in hominum, pars in bestiarum genere numerantur.* — V. encore Salluste, *Catilinae coniuratio*, 1, 2 : ... *sed nostra omnis vis in animo et corpore sita est : animi imperio, corporis servitio magis utimur; alterum nobis cum dis, alterum cum beluis commune est.*

(2) Sénèque, *Epist. moral.*, 20, 7 [124], 14 : *Quatuor hae naturae sunt, arboris, animalis, hominis, dei : haec duo, quae rationalia sunt, eamdem naturam habent, illo diversa sunt, quod alterum immortale, alterum mortale est...*

(3) Cicéron, *De legibus*, 1, 7, 22 : ... *animal hoc providum, sagax, multiplex, acutum, memor, plenum rationis et consilii, quem vocamus hominem, praeclara quadam condicione generatum esse a supremo deo; solum est enim ex tot animantium generibus atque naturis particeps rationis et cogitationis, quom cetera sint omnia expertia... Est igitur, quoniam nihil est ratione melius eaque est et in homine et in deo, prima homini cum deo rationis societas; inter quos autem ratio, inter eosdem etiam recta ratio [et] communis est; quae quom sit lex, lege quoque consociati homines cum dis putandi sumus...* — Sénèque, *Epist. moral.*, 9, 5 [76], 9 : *In homine optimum quid est? ratio : hac antecedit animalia, deos sequitur. ratio ergo perfecta proprium bonum est, cetera illi cum animalibus satisque communia sunt...*

Or, comme le dit Cicéron rappelant la leçon des siècles (1), une certaine force innée a fait pénétrer en nous ces notions telles que la religion, la *pietas*, la reconnaissance, la *vindicatio*, le respect, la vérité. Toutes ces notions premières, toutes ces données réclament impérieusement des applications concrètes. Elles sont pour l'homme, pour tous les hommes, les sources d'un *ius natura*, d'un droit naturel (2), mais

---

(1) Cicéron, *De inventione*, 2, 53, 161 : *Natura ius est, quod non opinio genuit, sed quaedam innata vis inseruit, ut religionem, pietatem, gratiam, vindicationem, observantiam, veritatem.* V. *suprà* p. 22, n. 1.

(2) Ainsi le droit de nature comprend à la fois : et ces données de procréation et de conservation de l'espèce, dont la nature nous a instruits ainsi que les autres animaux; et ces notions premières infuses en l'homme être de raison. Ces données, ces notions sont dites lois non écrites. Il appartient aux générations de les transcrire en des applications concrètes de leur législation positive (*suprà*, p. 36, n. 3). Cependant, si ces applications concrètes n'apparaissent pas, ces lois non écrites n'en existent pas moins, de par nature, de tout temps et pour tous. C'est l'enseignement que reproduisent notamment les Ἀπομνημόνευματα, *Commentarii, Memorabilia* de Xénophon, 4, 4, 19 et s., dans l'entretien de Socrate avec Hippias : « Connaissez-vous, Hippias, des lois non « écrites? — Sans doute, celles qui règnent dans tous les pays. « — Direz-vous que ce sont les hommes qui les ont portées? — Et « comment le dirais-je, puisqu'ils n'ont pu se rassembler tous en « un même lieu, et que d'ailleurs ils ne parlent pas une même « langue? — Qui croyez-vous donc qui ait porté ces lois? — Ce « sont les dieux qui les ont prescrites aux hommes. La première, « reconnue parmi tous les hommes, ordonne de révérer les dieux. « — N'est-il pas aussi partout ordonné d'honorer ses parents? — « Sans doute. — N'est-il pas de même interdit aux pères et aux « mères d'épouser leurs enfants, aux enfants d'épouser leurs « parents? ... N'est-ce pas engendrer comme on ne doit pas « engendrer? ... — N'est-ce pas aussi une loi reconnue partout de « payer de retour les bienfaiteurs? ... » (4, 4, 19 : Ἀγράφους δὲ τινας οἶσθα, ἔφη, ὦ Ἱππία, νόμους; Τούς γ' ἐν πάσῃ, ἔφη χώρᾳ κατὰ ταὐτὰ

compris en tant que droit issu de la nature propre de
l'homme. Nous en avons entrevu, dans les développements qui précèdent, et les sources et la portée féconde (1).

Seulement, une question de terminologie se pose.
Il s'agit d'éviter dans le langage toute confusion entre
le *ius naturale omnium animalium commune* et le *ius
natura humani generis proprium* (2), entre le droit natu-

νομιζομένους. Ἔχοις ἂν οὖν εἰπεῖν, ἔφη, ὅτι οἱ ἄνθρωποι αὐτοὺς ἔθεντο; Καὶ πῶς
ἂν, ἔφη, οἵ γε οὔτε συνελθεῖν ἅπαντες ἂν δυνηθεῖεν οὔτε ὁμόφωνοί εἰσι; Τίνας
οὖν, ἔφη, νομίζεις τεθεικέναι τοὺς νόμους τούτους; Ἐγὼ μέν, ἔφη, θεοὺς οἶμαι
τοὺς νόμους τούτους τοῖς ἀνθρώποις θεῖναι· καὶ γὰρ παρὰ πᾶσιν ἀνθρώποις πρῶτον
νομίζεται θεοὺς σέβειν. 20. Οὐκοῦν καὶ γονέας τιμᾶν πανταχοῦ νομίζεται; Καὶ
τοῦτο, ἔφη. Οὐκοῦν καὶ μήτε γονέας παισὶ μίγνυσθαι μήτε παῖδας γονεῦσιν;...
23. Οὐκοῦν οἵ γε οὕτω παιδοποιούμενοι ὡς οὐ δεῖ παιδοποιοῦνται;... 24. Τί δέ;
τοὺς εὖ ποιοῦντας ἀντευεργετεῖν οὐ πανταχοῦ νόμιμόν ἐστι;...

(1) V. *supra*, p. 21 et s. — La Paraphrase attribuée à Théophile
indique, à titre d'exemples, quelques applications concrètes de ces
notions premières : Καὶ τί ἐστιν ἐθνικὸν νόμιμον; ἐθνικὸν νόμιμόν ἐστι τὸ
κατὰ πάντων ἀνθρώπων ἤγουν τῶν λελογισμένως βιοῦν ἐθελόντων ἐπεκτεινόμενον,
παραδείγματα δὲ αὐτοῦ τὸ τοὺς φονεῖς ἀποτέμνεσθαι [δεῖ γὰρ αὐτοὺς δι' ὧν
ἠδίκησαν τιμωρεῖσθαι] καὶ τὸν μοιχὸν κολάζεσθαι, τὸν κλέπτην εἰς χρήματα
τιμωρεῖσθαι, ἐπειδὴ ἔβλαψεν ἡμᾶς περὶ χρήματα, τὸν χρεώστην εὐγνώμονα
γίνεσθαι πρὸς τὸν ἐν καιρῷ ἀνάγκης χρήσιμον ὀφθέντα, τὸν οἰκέτην ὑποτετάχθαι
ταῖς εὐλόγοις προστάξεσι τῶν δεσποτῶν. τὸ γίνεσθαι συναλλάγματα πράσεις
ἀγορασίας μισθώσεις ἐκμισθώσεις παρακαταθήκας κοινωνίας δάνεια, τὸ γίνεσθαι
δωρεάς, διαθήκας συγγράφεσθαι (*Instit. graeca paraphr. Theophilo ant.
vulgo tributa*, éd. Ferrini, 1, p. 6, sur *Inst. Iust.*, 1, 2, 1 ; trad.
lat. : *ius gentium est quod ad omnes homines, qui ratione nimirum
vivere volunt, extenditur; exempla autem eius sunt homicidas in-
terfici [oportet enim eos per ea, quibus deliquerunt plecti], adulte-
rum puniri, furem pecunia multari, quia et in pecunia nos laesit,
debitorem sese erga eum benevolum ostendere, qui in angustis rebus
eum adiuverit, servum iustis dominorum mandatis obtemperare,
fieri contractus, venditiones emptiones locationes conductiones
deposita societates mutua, fieri donationes, conscribi testamenta*).

(2) **Ulpien**, *lib. 1 institutionum*, D., 1, 1, *De iustitia et iure*, 1,
3 : *Ius naturale est, quod natura omnia animalia docuit : nam ius*

rel commun à tous les animaux y compris l'homme et ce droit naturel propre au genre humain. A lire les écrivains latins, jurisconsultes, orateurs, philosophes, il est manifeste que la terminologie ne dut s'établir que difficilement et avec hésitation. Cicéron, au *De finibus*, parle d'un *quasi civile ius cum genere humano* (1) : en ce sens que la nature unit tous les hommes en vue de former entre eux une société civile et leur édicte un même droit. Cicéron parle dans ce passage seulement de *quasi civile ius*, parce que les termes *ius civile* désignent déjà le droit propre à la cité (2).

Mais la terminologie se précise dès cette époque, par suite encore de l'influence de la philosophie grecque (3). Le droit naturel propre au genre humain n'est-il pas en effet celui qui est commun à tous les hommes vivant partout, vivant nécessairement en

---

istud non humani generis proprium, sed omnium animalium... commune est.

(1) Cicéron, *De finibus bon. et mal.*, 3, 20, 67 : *Quoniamque ea natura esset hominis, ut ei cum genere humano quasi civile ius intercederet, qui id conservaret, eum iustum, qui migraret, iniustum fore... 66... sic inter nos natura ad civilem communitatem coniuncti et consociati sumus.*

(2) Au *De re publica*, 3, 11, 18, Cicéron parle de ceux qui n'admettent pas un *ius naturale* (v. *suprà*, p. 21, n. 2). Mais, par cette expression de *ius naturale*, il n'entend pas le droit naturel commun à tous les animaux, mais le *ius natura*, propre à la nature humaine et dont il énumère les sources au *De inventione*, 2, 53, 161. Et cette terminologie sera encore adoptée par des jurisconsultes postérieurs (ci-après, p. 78, n. 2).

(3) Aristote, *Ethic. Nicom.*, 5, 7 [10], 1 (*Opera*, éd. Didot, 2, p. 60) : Τοῦ δὲ πολιτικοῦ δικαίου τὸ μὲν φυσικόν ἐστι τό δε νομικόν, φυσικὸν μὲν το πανταχοῦ τὴν αὐτὴν ἔχον δύναμιν, καὶ οὐ τῷ δοκεῖν ἢ μή, ... (trad. lat. : *Ius civile autem aliud naturale est, aliud legitimum : naturale, quod ubique gentium eandem vim obtinet, non quod ita vel decretum sit, vel non decretum, ...*).

société, en nations, en *gentes* (1)? Et, puisqu'on emploie les termes *ius naturale* pour désigner le droit naturel commun à tous les animaux y compris l'homme, on emploiera les termes *ius gentium* pour désigner le droit naturel propre aux hommes, propre au genre humain, le *ius natura humani generis proprium*. En tout homme de partout, de toutes nations, la nature a mis ces notions premières qui sont sources de *ius*. Le jurisconsulte appellera donc le plus souvent ce *ius natura* le *ius gentium* (2). Et il indiquera, de ce droit

-----

(1) Cicéron, *De officiis*, 3, 5, 23 : ... *Neque vero hoc solum natura, id est iure gentium, sed etiam legibus populorum, quibus in singulis civitatibus res publica continetur, eodem modo constitutum est, ut non liceat sui commodi causa nocere alteri*. Ce n'est pas seulement par la nature, c'est-à-dire par le *ius gentium*, mais aussi par les lois des peuples qui régissent la chose publique dans chaque cité qu'il a été établi qu'il n'était pas permis de nuire à autrui pour son propre avantage.

(2) Ulpien, *lib. 1 institutionum, D.*, 1, 1, *De iustitia et iure*, 1, 4 : *Ius gentium est, quo gentes humanae utuntur. quod a naturali recedere facile intellegere licet, quia illud omnibus animalibus, hoc solis hominibus inter se commune sit.* Cependant les expressions de *ius naturale*, de *ius naturae* sont encore employées par les jurisconsultes classiques pour désigner le droit propre à la nature des hommes, notamment par Pomponius, *lib. 9 ex variis lectionibus, D.*, 50, 17, *De div. reg. iuris ant.*, 206 (*iure naturae* : v. p. 32, n. 1); par Paul, *lib. 14 ad Sabinum, D.*, 1, 1, *De iustit. et iure*, 11, et peut-être *lib. 35 ad ed.*, 23, 2, *De ritu nupt.*, 14, 2 (*ius naturale* : v. p. 28, n. 2, et p. 69, n. 4); et par Ulpien lui-même, *lib. 43 ad Sabinum, D.*, 50, 17, *De div. reg. iuris ant.*, 32, à moins que la finale *non tamen et iure naturali, quia, quod ad ius naturale attinet, omnes homines aequales sunt* ne soit une addition postérieure au jurisconsulte, ce qui ne peut être soutenu avec certitude. V. encore Tryphoninus, *lib. 9 disputationum, D.*, 16, 3, *Depositi vel contra*, 31, *pr.* : ... *si tantum naturale et gentium ius intuemur, ei qui dedit restituenda sunt...*, où les termes *ius naturale* et *ius gentium* sont accouplés avec la même signification (sur ce texte, *supra*, p. 45, n. 1). — La paraphrase attribuée à Théophile porte au con-

naturel, commun à tous les hommes, les principales applications.

IV

De la confusion produite parfois par l'emploi des expressions *ius naturale* et *ius gentium*, pour désigner le droit, propre à la nature de l'homme. — De ce que le *ius gentium* positif peut être, dans certaines de ses institutions, contraire au droit naturel.

Tout ceci n'est qu'affaire de terminologie à adopter. Et cependant la terminologie employée peut devenir dangereuse et prêter à confusion.

Car si nous observons à travers toutes les nations les manifestations de ce droit naturel propre au genre humain (1), nous devons reconnaître qu'on rencontre également, parfois même dans un grand nombre de nations, des règles ou institutions qui ne sont pas conformes à cet *id quod semper aequum ac bonum est*, que le droit naturel réalise. C'est que, si le droit naturel

---

traire que c'est abusivement qu'on appelle parfois *ius naturale* le *ius gentium* (*Instit. graeca paraph. Theophilo antec. vulgo tributa*, éd. Ferrini, 1, 1884, p. 6, sur *Inst.*, 1, 2, 1 : ... ἢ γὰρ ἐθνικοὺς τίθησιν, ὡς καὶ φυσικοὺς καταχρηστικῶς καλοῦμεν, ... trad. lat. : *ius gentium, quod per abusionem naturale vocamus*).

(1) C'est ce qui fait dire à S. Paul, *Epître aux Romains*, 2, 14-15, que lorsque les gentils, qui n'ont pas la loi de Moïse, font naturellement ce qui est selon la loi, ils sont à eux-mêmes la loi, montrant ainsi écrite dans leurs cœurs l'œuvre de la loi, leur conscience leur rendant témoignage (*Epist. ad Romanos*, 2 : 11. *cum enim gentes, quae legem non habent, naturaliter ea, quae legis sunt, faciunt, eiusmodi legem non habentes, ipsi sibi sunt lex*; 15. *qui ostendunt opus legis scriptum in cordibus suis, testimonium reddente illis conscientia ipsorum*, ...).

humani generis proprium est la principale source du *ius gentium*, elle n'est pas la seule source du droit positif adopté parfois même par la presque généralité des peuples. C'est qu'il existe en effet une hiérarchie dans les sources du droit.

Prenons un instant pour exemple le *ius civile*. Selon les jurisconsultes, ce droit civil compte sans doute parmi ses sources le droit naturel; mais celui-ci n'est pas sa seule source; le droit civil consacre encore des institutions admises chez la plupart des autres peuples, il compte parmi ses sources le *ius gentium* ; mais droit naturel et *ius gentium* ne sont pas encore ses seules sources (1). Il a encore pour sources ces lois, ces plébiscites, ces sénatusconsultes, ces constitutions impériales, ces réponses des prudents qui font de ce droit un droit propre à la cité, de quelque étendue qu'elle puisse être (2) ; bien que, parmi ces dernières sources, il en soit, remarquons-le, qui puissent consacrer des institutions contraires précisément soit au droit naturel, soit au *ius gentium*.

Il en est de même, avec une moins grande diversité de sources, du *ius gentium*. Droit appliqué chez la plupart des peuples, le *ius gentium* est sans doute

---

(1) Ulpien, *libro primo institutionum*, D., 1, 1, *De iustitia et iure*, 6, pr. : *Ius civile est, quod neque in totum a naturali vel gentium recedit nec per omnia ei servit : itaque cum aliquid addimus vel detrahimus iuri communi, ius proprium, id est civile efficimus.* Beseler, *Beiträge zur Kritik der römischen Rechtsquellen*, 3, p. 143, indique, sans raison valable, ce texte comme étant une addition de commentateurs.

(2) Papinien, *libro secundo definitionum*, D., 1, 1, *h. t.*, 7, pr. : *Ius autem civile est, quod ex legibus, plebis scitis, senatus consultis, decretis principum, auctoritate prudentium venit.*

appelé normalement à traduire le mieux les prescrip-
tions de la nature (1) ; le concours des peuples à l'admettre en témoigne ; ce droit des gens a le plus souvent
sa source dans ce droit naturel qui est commun à tous
les hommes. Et cependant, outre la nature, ce droit
des gens peut avoir encore comme source des institutions qui lui soient propres (2), qui résultent d'une
mise en œuvre jugée nécessaire ou tout au moins
voulue par les peuples, institutions qui sont souvent
conformes au *ius natura*, mais qui peuvent aussi, en
tant qu'œuvres issues de la volonté de ces peuples,
être parfois contraires à ce droit naturel qui ne peut
être perçu en vérité, ne l'oublions pas, que par une
droite raison (3). Citons comme exemple, dans la

---

(1) Gaius, *lib. 1 institutionum*, D., 1, 1, *De iustitia et iure*, 9 :
*Omnes populi, qui legibus et moribus reguntur, partim suo proprio,
partim communi omnium hominum iure utuntur. nam quod quisque
populus ipse sibi ius constituit, id ipsius proprium civitatis est vocaturque ius civile, quasi ius proprium ipsius civitatis : quod vero
naturalis ratio inter omnes homines constituit, id apud omnes
peraeque custoditur vocaturque ius gentium, quasi quo iure omnes
gentes utuntur.* Ce texte est reproduit dans les Instituts de Justinien, 1, 2, *De iure naturali et gentium et civili*, 1.

(2) V. notamment Paul, *lib. 33 ad edictum*, D., 28, 1, *De con-
trah. empt.*, 34, 1 : ... *quas vero natura vel gentium ius vel mores
civitatis commercio exuerunt, earum nulla venditio est.* V. encore
en ce sens : et le fragment d'Hermogénien, *lib. 1 iuris epitomarum*,
D., 1, 1, *De iustit. et iure*, 5 ; et le texte des Instituts de Justinien,
1, 2, *De iure natur.*, 2 in fine.

(3) Cicéron, *De legibus*, 1, 12, 33 : ... *Atque hoc in omni hac
disputatione sic intellegi volo, ius quod dicam, natura esse, tantam
autem esse corruptelam malae consuetudinis, ut ab ea tamquam
igniculi extinguantur a natura dati exorianturque et confirmentur
vitia contraria.* Cicéron met en garde son lecteur contre la pensée
qu'il pourrait avoir que le *ius natura* ne peut être altéré par les
vices des hommes : et c'est pourquoi il ajoute que telle est la cor-
ruption des mauvaises habitudes qu'elle étouffe parfois ce qu'on

société antique, l'esclavage qui y est de droit des gens; elle n'en est pas moins contraire au droit naturel, reconnaît le jurisconsulte, puisque de par nature tous les hommes naissent libres (1).

Ainsi s'expliquent ces notions de *ius naturale* et de *ius gentium*, que tant de commentateurs se sont parfois efforcés de compliquer. On peut tout au plus constater, de la part de ceux qui ont défini ces notions, la difficulté qu'ils ont eue à établir une terminologie. Mais la pensée maîtresse demeure précise. Il est, dit le sage, une loi commune, universelle, qui fixe d'une manière ordonnée les règles et données de vie appropriées à la nature de toutes les créatures (2). Ces données de vie constituent le droit, le *ius*, l'*unum ius*, le *ius datum omnibus* (3). Mais, quand, parmi ces données, il s'agit

----

pourrait appeler les étincelles données par la nature, et fortifie en nous les vices qui leur sont contraires.

(1) Ulpien, *lib. 1 institutionum*, D., 1, 1, *De iustitia et iure*, 4 : *Manumissiones quoque iuris gentium sunt... quae res a iure gentium originem sumpsit, utpote cum iure naturali omnes liberi nascerentur nec esset nota manumissio, cum servitus esset incognita...* — *Instit. Justin.*, 1, 2, *De iure naturali et gentium et civili*, 2 : *... ius autem gentium omni humano generi commune est. nam usu exigente et humanis necessitatibus gentes humanae quaedam sibi constituerunt : ... servitutes, quae sunt iuri naturali contrariae. iure enim naturali ab initio omnes homines liberi nascebantur...*

(2) V. *supra*, p. 59, n. 1 et 60, n. 1. — Selon S. Augustin, *Contra Faustum*, 22, 27, Migne, *Patr. lat.*, 42, col. 418, la loi éternelle est *ratio divina vel voluntas Dei, ordinem naturalem conservari iubens et pertubari vetans* ; et selon S. Thomas, *Summa theol.*, I^a II^{ae}, q. 93, art. 1, elle est *ratio divinae sapientiae secundum quod est directiva omnium actuum et motionum*.

(3) Ainsi il n'est pas de confusion entre la loi commune, universelle et le *ius*. La loi commune, qui est la droite raison de la divinité, fixe les règles et données de vie, qui constituent le droit de nature. C'est ce qu'indique, dans sa définition du droit, Speusippe,

de celles qui sont conformes à la nature commune des hommes et des animaux : ces données, transcrit Ulpien, forment le *ius naturale*. Quand il s'agit des données et de vie et de société des hommes entre eux, propres à la nature de l'homme raisonnable vivant en société : pour le jurisconsulte Ulpien, ces données constituent le *ius gentium*, tandis que d'autres en faisaient la source d'un droit qu'ils dénommaient encore *ius naturale* ou *ius naturae* (1).

V

La leçon d'Isidore de Séville sur le *ius naturale*. — Le contenu du droit naturel.

Au viie siècle, Isidore de Séville limitera, du moins

---

le successeur de Platon en 347 à la direction de l'école et souvent rapproché des Pythagoriciens par Aristote [A. Croiset, *Hist. de la littérature grecque*, 5, 1889, p. 30], dans les *Definitiones* (*Fragmenta philos. graec.*, éd. Müllach, 3, p. 79), n° 113 : Δίκαιον νόμου τάγμα ποιητικὸν δικαιοσύνης. C'est ce qu'enseigne également Cicéron, *De legibus*, 1, 15, 42 : *Est enim unum ius, quo devincta est hominum societas, et quod lex constituit una; quae lex est recta ratio imperandi atque prohibendi; quam qui ignorat, is est iniustus, sive est illa scripta uspiam sive nusquam...; 1, 12, 33 : ... Quibus enim ratio a natura data est, isdem etiam recta ratio data est, ergo et lex, quae est recta ratio in iubendo et vetando ; si lex, ius quoque ; et omnibus ratio; ius igitur datum est omnibus* (cf. *supra*, p. 64, n. 1). C'est ce que redisent les Institutes de Justinien, 1, 2, *De iure natur.*, 11, d'ailleurs influencées par la pensée chrétienne : *Sed naturalia quidem iura, quae apud omnes gentes peraeque servantur, divina quadam providentia constituta semper firma atque immutabilia permanent...* — Dans le même sens, S. Thomas d'Aquin, *Summa theol.*, I^a II^{ae}, q. 91, art. 27, dira de la loi naturelle qu'elle est *participatio legis aeternae in rationali creatura.*

(1) V. *supra*, p. 78, n. 2.

dans sa définition, le droit naturel, *ius naturale,* au droit commun à tout le genre humain. Laissant de côté l'idée d'un droit commun à l'homme et aux bêtes, il emploie le terme de droit naturel pour désigner le droit qui provient de la nature humaine, d'ailleurs même en ce que cette nature a de commun avec la bête (1). Ce droit est de nature; il est commun à tous les peuples; il n'est jamais injuste; il est toujours conforme à l'*aequum.* Il comprend à la fois : *et ces lois, ces données de procréation et de conservation de l'espèce, dont la nature nous a instruits même en partie à l'instar des animaux; et ces notions premières, ces données que la nature a mis en l'homme raisonnable pour produire des effets conformes à l'*aequum et bonum (2).

Quant au *ius gentium,* il comprend, pour Isidore de Séville (3), toutes ces institutions qui se rencontrent dans presque toutes les nations, qu'elles soient au surplus conformes au droit naturel ou qu'elles y soient parfois même contraires (4).

----

(1) Isidore de Séville, *Etymolog.*, 5, cap. 4, 1-2 : 1. *Ius aut naturale est aut civile aut gentium. Ius naturale est commune omnium nationum, et quod ubique instinctu naturae, non constitutione aliqua habeatur, ut viri et feminae coniunctio, liberorum susceptio et educatio, communis omnium possessio, et omnium una libertas, acquisitio eorum quae caelo terra marique capiuntur. 2. Item depositae rei vel commodatae restitutio, violentiae per vim repulsio. Nam hoc, aut si quid huic simile est, nunquam iniustum, sed naturale aequumque habetur.*

(2) Sur un essai de nomenclature de ces notions, cf. *supra,* p. 22 et s.

(3) Isidore de Séville, *Etymolog.*, 5, 6, 1 : *Ius gentium est sedium occupatio, aedificatio, munitio, bella, captivitates, servitutes, postliminia, foedera, paces, induciae, legatorum non violandorum religio, connubia inter alienigenas prohibita; et inde ius gentium, quod eo iure omnes fere gentes utuntur.*

(4) S. Thomas d'Aquin, Somme théologique, II^a II^{ae}, après

En tout cas, quoi qu'il en soit de ces précisions, le droit naturel qui dérive de la nature humaine existe, est-il dit, pour assurer la vie et la société des hommes entre eux (1). S'il n'est pas en œuvre, cette vie et cette société ne sont pas (2). Que l'homme n'oublie pas qu'il est animal raisonnable vivant en société. S'il n'observe

---

avoir déclaré, *qu.* 57, *art.* 2, que la division du droit en droit naturel et en droit positif est juste et rationnelle, se demande, *qu.* 57, *art.* 3, si le droit des gens est la même chose que le droit naturel. Il s'appuie sur le passage précité des *Etymologies* de S. Isidore, 5, 4, 1, déclarant que le droit se divise en droit naturel, droit civil et droit des gens, pour soutenir que le droit des gens se distingue du droit naturel. Et cependant, dans le même *art.* 3, délaissant la suite du passage de S. Isidore et reprenant les définitions du jurisconsulte Ulpien, il conclut en enseignant que le droit naturel est commun à tous les êtres animés et que le droit des gens ne concerne que les hommes.

(1) Cicéron, *Tusculanae disputationes*, 1, 26, 64 : ... *ad ius hominum, quod situm est in generis humani societate*; — *De officiis*, 1, 17, 53 à 1, 18, 61, où Cicéron, après avoir passé en revue les différents *gradus societatis hominum*, depuis la société humaine jusqu'à la société familiale, termine sa dissertation en déclarant que *ab iis rebus, quae sunt in iure societatis humanae, quemadmodum ducatur honestum, ex quo aptum est officium, satis fere diximus*; — *De legibus*, 1, 12, 33 : *Sequitur igitur ad participandum alium alio communicandumque inter omnes ius nos natura esse factos...* ; — *De legibus*, 1, 13, 35 et 36, où, à propos du *ius ex natura ortum*, il est dit que tous les hommes sont unis *societate iuris*.

(2) Cicéron, *De legibus*, 1, 15, 43 : ... *Atque, si natura confirmatura ius non erit, [virtutes omnes] tollentur; ubi enim liberalitas, ubi patriae caritas, ubi pietas, ubi aut bene merendi de altero aut referendae gratiae voluntas poterit existere? nam haec nascuntur ex eo, quia natura propensi sumus ad diligendos homines, quod fundamentum iuris est. Neque solum in homines obsequia, sed etiam in deos caerimoniae religionesque tolluntur, quas non metu, sed ea coniunctione, quae est homini cum deo, conservandas puto.*

pas les lois de la génération et de la conservation de l'espèce, la vie n'apparaîtra pas, l'espèce ne sera pas conservée. S'il n'observe pas la *religio*, il ne sera plus en société avec la divinité; il ne la suivra plus (1). Sans *pietas*, plus de famille et plus de patrie. Sans reconnaissance, sans *vindicatio*, sans respect, sans vérité, sans respect de la parole donnée : plus de vie commune, plus de société des hommes entre eux, qu'il s'agisse de la société familiale, ou de la société des amis, ou de la cité (2), ou de la société des nations alliées, ou de la société humaine tout entière (3). De

---

(1) N'entendant plus la divinité, l'homme cessera d'être sage, disent Pythagoriciens et stoïciens (Senn, *Les origines de la notion de jurisprudence*, p. 13, n. 4). C'est ce que redit S. Paul, *Epist. ad Romanos*, 1, 22 : *dicentes enim se esse sapientes, stulti facti sunt.* Et, ajoute l'Apôtre, cette connaissance de Dieu n'existant plus, n'étant plus ni justes ni sages, les hommes feront dès lors des actes contraires à leur propre nature : *Epist. ad Romanos*, 1, 26, ...*nam feminae eorum immutaverunt naturalem usum, in eum usum, qui est contra naturam.* 27. *Similiter autem et masculi, relicto naturali usu feminae, exarserunt in desideriis suis in invicem, masculi in masculos turpitudinem operantes, et mercedem, quam oportuit, erroris sui in semetipsis recipientes.* 28. *Et sicut non probaverunt Deum habere in notitia : tradidit illos Deus in reprobum sensum : ut faciant ea quae non conveniunt,* 29 *repletos omni iniquitate, malitia, fornicatione, avaritia, nequitia, plenos invidia, homicidio, contentione, dolo, malignitate, susurrones,* 30 *detractores, Deo odibiles, contumeliosos, superbos, elatos, inventores malorum, parentibus non obedientes,* 31 *insipientes, incompositos, sine affectione, absque foedere, sine misericordia.* Ils auront enfreint les règles de la procréation; ils n'auront plus respecté les données premières de vie et de société commune.

(2) Cicéron, *De officiis*, 3, 6, 28 : ... *Hi sibi nihil iuris, nullam societatem communis utilitatis causa statuunt esse cum civibus quae sententia omnem societatem distrahit civitatis* (*supra*, p. 46, n. 1).

(3) Cicéron, *De officiis*, 1, 7, 20-22; 1, 17, 53 à 1, 18, 61 : 3, 6, 26-32. — V. encore Cicéron, *De officiis*, 3, 6, 28 : *Qui autem civium rationem dicunt habendam, externorum negant, ii dirimunt com-*

ce qu'ils sont destinés par leur nature à vivre en société, les hommes qui enfreignent ces lois, préceptes, données, notions de vie et de société commune s'isoleront; formant des pensées contraires et agissant à l'encontre de la nature même qui leur est propre (1), ils détruiront toute société.

Telle est la leçon qu'à travers les siècles la tradition, en des langues diverses, transmet, précise et redoutable.

---

munem humani generis societatem; qua sublata beneficentia, liberalitas, bonitas, iustitia funditus tollitur; quae qui tollunt, etiam adversus deos immortales impii iudicandi sunt. Ab iis enim constitutam inter homines societatem evertunt,...

(1) Cicéron, *De re publica*, 3, 22, 33 : ... *ac naturam hominis aspernatus* (supra, p. 61, n. 1); *De officiis*, 3, 6, 26 : ... *quam si ad se quisque rapiet, dissolvetur omnis humana consortio.* V., appliqué au tyran, ce que dit Cicéron, *De re publica*, 2, 26, 48, de celui *qui sibi cum suis civibus, qui denique cum omni hominum genere nullam iuris communionem nullam humanitatis societatem velit.*

TABLE DES PRINCIPAUX TEXTES CITÉS

n. 2 ; — 2, 53, 160 : 2, n. 1 ; 3 ; 10, n. 1 ; 19 ; 31, n. 1 ; 36 ; 37, n. 1 ; 44, n. 1 ; — 2, 53, 161 : 21 ; 22, n. 1 ; 23, n. 2 ; 27, n. 2 ; 36, n. 1 ; 75, n. 1 ; 77, n. 2.— *De legibus*, 1, 7, 22 : 74, n. 3 ; — 1, 10. 28 : 21, n. 1 ; — 1, 12, 33 : 73, n. 1 ; 81, n. 3 ; 82, n. 3 ; 85, n. 1 ; — 1, 13, 35-36 : 85, n. 1 ; — 1, 15, 42 : 82, n. 3 ; — 1, 15, 43 : 85, n. 2 ; — 1, 16, 44 : 21, n. 1 ; — 1, 17, 45 : 9 ; 9, n. 1 ; — 2, 4, 10 : 64, n. 1. — *De officiis*, 1, 4, 11 : 67, n. 3 ; 68, n. 1 ; — 1, 5, 15 : 40, n. 2 ; — 1, 7, 20 : 8, n. 1 ; 46, n. 1 ; — 1, 7, 20-22 : 86, n. 3 ; — 1, 7, 21 : 32, n. 1 ; — 1, 9, 28 : 14, n. 4 ; — 1, 10, 31 : 11, n. 2 ; — 1, 14, 42 : 19, n. 3 ; — 1, 17, 53 à 1, 18, 61 : 85, n. 1 ; 86, n. 3 ; — 1, 19, 64 : 30, n. 1 ; 34, n. 3 ; — 1, 42, 1 : 16, n. 1 ; — 1, 42, 155 : 16, n. 1 ; — 1, 43, 1 : 16, n. 1 ; — 1, 43, 1 : 16, n. 1 ; — 1, 45, 160 : 14, n. 3 ; 26, n. 1 ; 27, n. 1 ; 31, n. 1 ; — 2, 9, 33 : 17, n. 2 ; — 2, 9, 34 : 16, n. 2. 3 ; — 2, 12, 41 : 30, n. 1 ; — 2, 12, 42 : 17, n. 1 ; 30, n. 1 ; — 3, 5, 23 : 78, n. 1 ; — 3, 6, 26 : 87, n. 1 ; — 3, 6, 26-32 : 86, n. 3 ; — 3, 6, 28 : 46, n. 1 ; 86, n. 2. 3 ; — 3, 15, 61 : 31, n. 1 ; — 3, 25, 95 : 44, n. 3. — *De re publica*, 2, 2 : 18, n. 2 ; 37, n. 1 ; — 2, 26. 48 : 87, n. 1 ; — 3, 5-7 : 4, n. 1 ; — 3, 11, 18 : 21, n. 2 ; 36, n. 1 ; 77, n. 2 ; — 3, 11, 19 : 71, n. 1 ; — 3, 12, 21-22 : 4, n. 1 ; — 3, 22, 33 : 61, n. 1 ; 87, n. 1 ; — 3, 32 :

33, n. 1. — *Paradoxa*, 3, 1, 22 : 9, n. 1. — *Partitiones oratoriae*, 12, 42 : 26, n. 1 ; — 19, 66 : 31, n. 1 ; — 22, 76 : 18, n. 1 ; — 22, 78 : 18, n. 1 ; 26, n. 1 ; 27, n. 1 ; 46, n. 1 ; — 28, 100 : 31, n. 1. — *Topica*, 4, 23 : 33, n. 1 ; 17, 65-66 : 31, n. 1 ; 22, 84 : 32, n. 1 ; 23, 90 : 32, n. 1 ; 35, n. 1. — *Tusculanae disputationes*, 1, 26, 64 : 85, n. 1.

CLAUDIUS AELIANUS. — Περὶ ζώων, προοίμιον : 24, n. 1 ; 68, n. 2 ; — 1, 4 : 69, n. 1.

CLINIAS LE PYTHAGORICIEN. — Περὶ ὁσιότητος καὶ εὐσεβείας : 12, n. 2.

DÉMOSTHÈNE (?). — *Premier discours contre Aristogiton*, 25, 65-66 : 69, n. 2.

DIGESTE. — 1, 1, *De iustitia et iure*, 1, *pr.* : 34, n. 2 ; — 1, 1 : 38, n. 3 ; — 1, 2 : 66, n. 1 ; 73, n. 1 ; — 1, 3 : 66, n. 1 ; 69, n. 2. 3 ; 76, n. 2 ; — 1, 4 : 28, n. 2 ; 36, n. 2 ; 78, n. 2 ; — 2 : 27, n. 1 ; — 3 : 27, n. 2 ; — 4 : 82, n. 1 ; — 5 : 81, n. 2 ; — 6, *pr.* : 80, n. 1 ; — 7, *pr.* : 69, n. 3 ; 80, n. 2 ; — 9 : 81, n. 1 ; — 10, *pr.* : 1 s.; 2, n. 1 ; 8 ; 11 ; 19 ; — 10, 1 : 11, n. 2 ; — 11 : 28, n. 2 ; 33 ; 34, n. 1 ; 36, n. 1 ; 78, n. 2. — 1, 3, *De legibus senat. cons. et longa consuetud.*, 2 : 60, n. 6. — 9, 1, *Si quadrupes pauperiem fecisse dicetur*, 1, 3 : 72, n. 3. — 12, 6, *De condictione indebiti*, 14 : 32, n. 1. — 16, 3,

TABLE DES MATIÈRES

DE LA JUSTICE ET DU DROIT

IUSTITIA EST CONSTANS ET PERPETUA VOLUNTAS
IUS SUUM CUIQUE TRIBUENDI.

APPENDICE

De la distinction du ius naturale *et du* ius gentium.

BAR-LE-DUC. — IMPRIMERIE CONTANT-LAGUERRE. — 1927.